Gestión de reservas de habitaciones y otros servicios de alojamiento

María Fernández Sotoca

ic editorial

Gestión de reservas de habitaciones y otros servicios de alojamiento
© María Fernández Sotoca

1ª Edición

© IC Editorial, 2025

Editado por: IC Editorial
c/ Cueva de Viera, 2, Local 3
Centro Negocios CADI
29200 Antequera (Málaga)
Teléfono: 952 70 60 04
Fax: 952 84 55 03
Correo electrónico: iceditorial@iceditorial.com
Internet: www.iceditorial.com

ISBN: 978-84-1184-988-3
Depósito Legal: MA 1165-2025

Impresión: PODiPrint
Impreso en Andalucía – España

Nota de la editorial: IC Editorial pertenece a Innovación y Cualificación S. L.

Presentación del manual

El **Certificado de Profesionalidad** es el instrumento de acreditación, en el ámbito de la Administración laboral, de las cualificaciones profesionales del Catálogo Nacional de Cualificaciones Profesionales adquiridas a través de procesos formativos o del proceso de reconocimiento de la experiencia laboral y de vías no formales de formación.

El elemento mínimo acreditable es la **Unidad de Competencia.** La suma de las acreditaciones de las unidades de competencia conforma la acreditación de la competencia general.

Una **Unidad de Competencia** se define como una agrupación de tareas productivas específica que realiza el profesional. Las diferentes unidades de competencia de un certificado de profesionalidad conforman la **Competencia General,** definiendo el conjunto de conocimientos y capacidades que permiten el ejercicio de una actividad profesional determinada.

Cada **Unidad de Competencia** lleva asociado un **Módulo Formativo,** donde se describe la formación necesaria para adquirir esa **Unidad de Competencia,** pudiendo dividirse en **Unidades Formativas.**

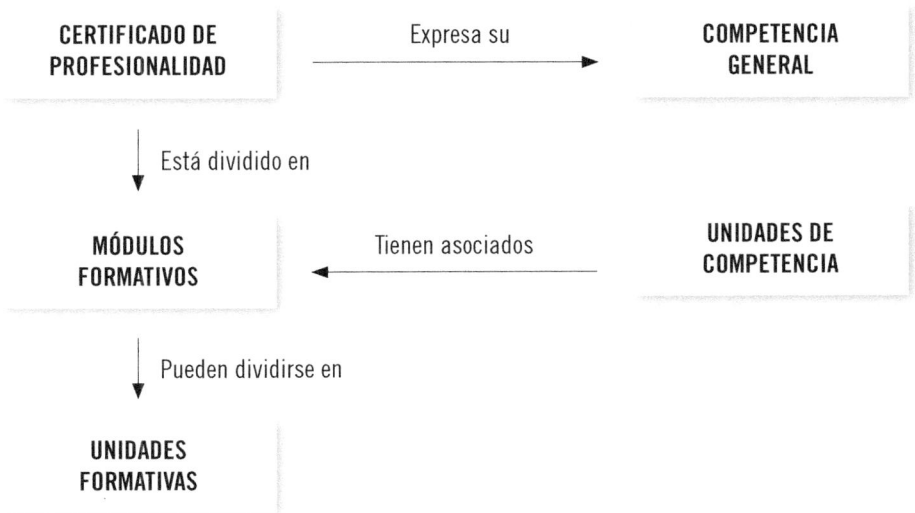

El presente manual desarrolla la Unidad Formativa **UF0050: Gestión de reservas de habitaciones y otros servicios de alojamientos,**

perteneciente al Módulo Formativo **MF0263_3: Acciones comerciales y reservas,**

asociado a la unidad de competencia **UC0263_3: Ejecutar y controlar el desarrollo de acciones comerciales y reservas,**

del Certificado de Profesionalidad **Recepción en alojamientos**

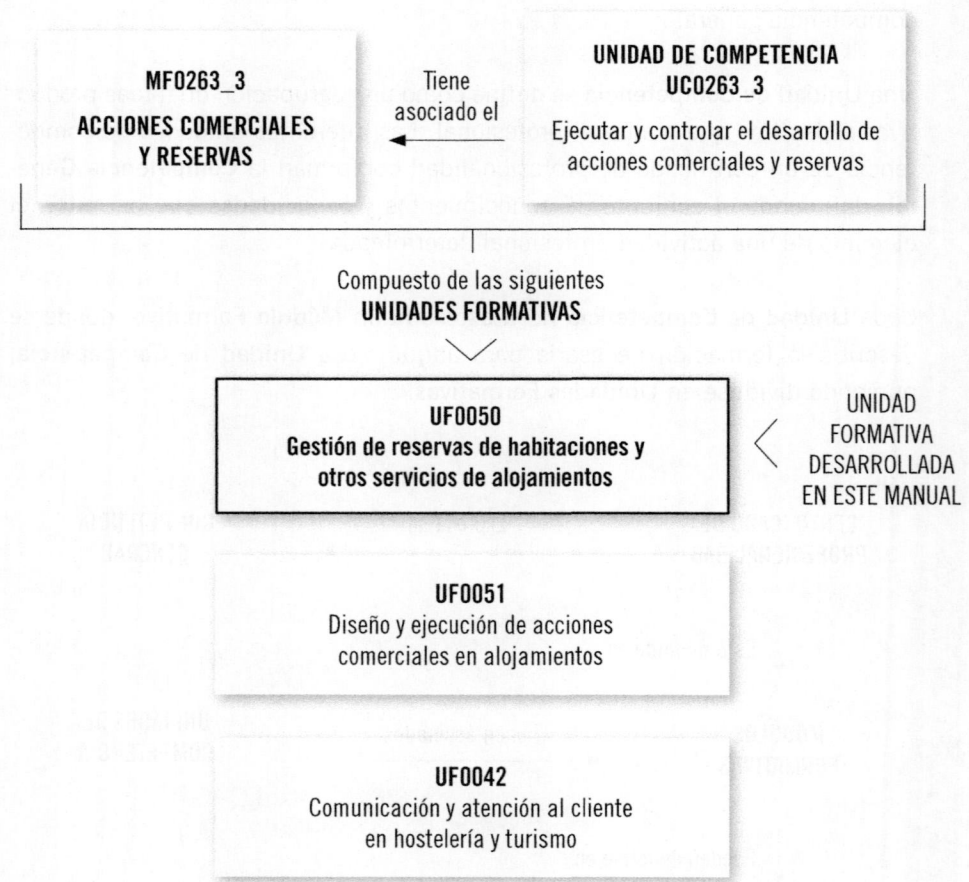

FICHA DE CERTIFICADO DE PROFESIONALIDAD

(HOTA0308) RECEPCIÓN EN ALOJAMIENTOS (R. D. 1376/2008, de 1 de agosto, modificado por el R. D. 619/2013, de 2 de agosto)

COMPETENCIA GENERAL: Gestionar el departamento de recepción, de acuerdo con la planificación general del establecimiento de alojamiento, desarrollando y asegurando la correcta prestación de los servicios que le son propios y la ejecución de acciones comerciales.

Cualificación profesional de referencia	Unidades de competencia		Ocupaciones o puestos de trabajo relacionados
HOT094_3: RECEPCIÓN (R. D. 295/2004 de 20 de febrero y modificaciones publicadas en el R. D. 1700/2007 de 14 de diciembre)	UC0263_3:	Ejecutar y controlar el desarrollo de acciones comerciales y reservas	• Encargado de comunicaciones • Encargado de reservas • Jefe de reservas • Coordinador de calidad • Promotor turístico • 44221010 Recepcionista de hote • 44221010 Jefe de recepción • 58331013 Conserje de hotel
	UC0264_3:	Realizar las actividades propias de la recepción	
	UC0265_3:	Gestionar departamentos del área de alojamiento	
	UC1057_2:	Comunicarse en inglés, con un nivel de usuario independiente, en las actividades turísticas	

Correspondencia con el Catálogo Modular de Formación Profesional

Módulos certificado	Unidades formativas	Horas
MF0263_3: Acciones comerciales y reservas	UF0050: Gestión de reservas de habitaciones y otros servicios de alojamientos	60
	UF0051: Diseño y ejecución de acciones comerciales en alojamientos	60
	UF0042: Comunicación y atención al cliente en hostelería y turismo	30
	UF0052: Organización y prestación del servicio de recepción en alojamientos	90
	UF0042: Comunicación y atención al cliente en hostelería y turismo	30
MF0264_3: Recepción y atención al cliente	UF0043: Gestión de protocolo	30
	UF0044: Función del mando intermedio en la prevención de riesgos laborales	30
MF0265_3: Gestión de departamentos del área de alojamiento	UF0048: Procesos de gestión de departamentos del área de alojamiento	70
	UF0049: Procesos de gestión de calidad en hostelería y turismo	50
MF1057_2: Inglés profesional para turismo		90
MP0013: Módulo de prácticas profesionales no laborales		120

Índice

Capítulo 5
Legislación sobre reservas. La figura del *overbooking*

Capítulo 1
Tratamiento y análisis del estado de reservas

Contenido

1. Introducción

El área de reservas se constituye como uno de los subdepartamentos con mayor peso de todo establecimiento de alojamiento, pues es el encargado de la venta del servicio más importante y razón de ser de dichos establecimientos: las habitaciones. Esta importancia radica en el hecho de que al tratarse de una empresa de servicios y no de productos tangibles, esta venta o alquiler de habitaciones tiene un carácter no almacenable, es decir, una habitación que no se venda hoy no puede ser guardada para venderse mañana, sino que habrá supuesto una pérdida de oportunidad para la empresa de obtener beneficios, cuando no una pérdida de dinero. Es por ello que el subdepartamento de reservas ha de saber cómo mantener los índices de ocupación adecuados y generar la máxima rentabilidad del establecimiento.

Esta unidad supone una primera aproximación al subdepartamento, analizando fundamentalmente su ubicación dentro del establecimiento y sus principales funciones. El estudio se enfoca principalmente desde el punto de vista de los establecimientos hoteleros, por ser aquellos en los que la sección de reservas está mejor definida y estructurada, pero que puede hacerse extensible a otras empresas de alojamiento, tales como balnearios, campings, alojamientos en el medio rural, etc., que igualmente requieren el servicio de reservas aunque no cuenten con un departamento como tal, pero que a fin de cuentas el objetivo final es el mismo: sacar la máxima rentabilidad a la empresa mediante la venta de sus servicios.

2. El subdepartamento de reservas

Analizaremos el servicio de reservas de un establecimiento hotelero desde dos enfoques: su organización y sus funciones.

2.1. Organización

No existe una única forma de organización de empresas de alojamientos turísticos, ya que esto está condicionado por factores como el tipo de alojamiento, categoría, ubicación, tamaño, tipo que oferta, etc., y cada empresa diseña la estructura que mejor se ajusta a sus necesidades, permitiéndole prestar sus servicios.

De todos modos, existe una estructura organizativa tipo que se expone a continuación. Se trata de una estructura simple a partir de la cual pueden aparecer más departamentos, niveles jerárquicos, reubicación de funciones, etc. También permite prescindir de aquéllos que no sean rentables para la empresa.

ESTRUCTURA ORGANIZATIVA TIPO DE UN ESTABLECIMIENTO

Nota

En el caso de no existir un servicio de reservas propio, también se encargan de la gestión de reservas y cancelaciones el equipo o departamento de mostrador.

Dentro de Recepción, Reservas forma parte de lo que se conoce como *departamentos del back-office* o *back-desk*, es decir, se trata de una unidad de trabajo que no desempeña sus funciones cara a cara con el cliente, ya que al reservar lo que se hace es solicitar unos servicios con antelación a la llegada. Cuando el cliente acude directamente al establecimiento es atendido por otro subdepartamento.

Físicamente, el subdepartamento, al pertenecer al *back-office,* puede estar emplazado en la misma Recepción, pero en dependencias internas o en otras oficinas del establecimiento, incluso en distintas plantas, pero nunca visible para el consumidor.

 Sabía que...

Reservas es *back-office* y, por tanto, no se ubica en un espacio visible para el cliente. No es necesario pues ninguna de sus funciones se realizan vis a vis.

A continuación se muestra un organigrama tipo del área de alojamiento de un establecimiento hotelero, donde se puede ver mejor la ubicación del sub-departamento antes expuesta y el nivel en el que se encuentra respecto a otros de la misma área.

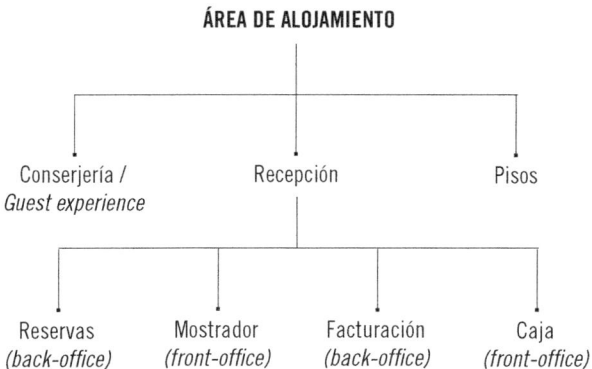

Se observa que junto a Reservas se encuentran otros subdepartamentos dentro de Recepción, de los cuales hay que destacar el de Mostrador, por la estrecha relación que guardan ambos a la hora de desempeñar sus tareas. Como se verá a lo largo del manual, la relación entre ambos ha de ser muy constante y fluida.

Esta división del departamento de Recepción en otros subdepartamentos supone la atribución de unas funciones muy concretas a cada uno de ellos. Es necesario tener una visión general del departamento para entender con más claridad el de Reservas.

- **Reservas:** engloba todo el trabajo previo a la llegada del cliente al establecimiento.
- **Mostrador:** se encarga de todas las tareas relacionadas con la estancia del cliente.
- **Facturación:** lleva a cabo el control de la cuenta del cliente y prepara su factura.
- **Caja:** cobra al cliente los servicios consumidos en el establecimiento.

De lo anterior se deducen unas relaciones de trabajo muy estrechas entre los departamentos y que la labor desempeñada por un subdepartamento es necesaria y condiciona la labor de otros. Sin embargo, hoy en día, gracias al avance de los sistemas informáticos que se utilizan en los hoteles, las funciones de mostrador, facturación y caja se han simplificado mucho y el personal no está sujeto a uno de los subdepartamentos, sino que todos pertenecen a Recepción.

Otro departamento del establecimiento, ya fuera del área de Alojamiento, con el cual Reservas mantiene relaciones y no se puede dejar de mencionar es el de Comercial, por cuanto este es el encargado de diseñar acciones de comercialización del establecimiento y que Reservas ha de conocer para poder desempeñar su trabajo.

 Ejemplo

Comercial lanza una oferta con motivo de San Valentín que incluye una noche de estancia en una habitación especial y cena romántica. Dicha oferta la diseña el departamento comercial, pero será vendida a los clientes a través del de Reservas, quien ha de conocer su existencia, características y posibles condiciones para la reserva.

La existencia o no de un subdepartamento de Reservas va a variar según el tipo y necesidades del establecimiento. Una empresa cuyos clientes, en general, acuden directamente sin reserva previa no dispondrán del subdepartamento como tal y las funciones las asumirá directamente Mostrador. En cambio, otros establecimientos cuyos clientes en su mayoría provienen de agencias de viajes, empresas o particulares que suelan viajar con los servicios reservados, verán justificada la existencia de este. El número de habitaciones de un establecimiento también condiciona la necesidad de contar con Reservas o no, ya que el tamaño de la empresa, que viene determinado por el número de unidades de alojamiento, marca el volumen de trabajo de esta.

 **Definición**

Walk-in o clientes de paso
Son aquellas personas que acuden al establecimiento hotelero directamente y sin reserva previa.

Unidad de alojamiento
Pieza independiente de un establecimiento de alojamiento para su uso exclusivo y privativo de hospedaje del usuario, debiendo reunir unos requisitos mínimos según el tipo de alojamiento de que se trate (hotelero, apartamento, *camping,* etc.).

Guest experience
La figura del *guest experience* se encarga de la mejora continua de la experiencia de los huéspedes del alojamiento; siendo su objetivo principal, adelantarse a las necesidades, posibles quejas o sugerencias de los huéspedes.

Otro aspecto a tener en cuenta a la hora de organizar el subdepartamento de Reservas es el **horario.** Se sabe que una empresa de alojamiento abre las 24 horas del día de lunes a domingo, por tanto, ¿se ha de respetar el mismo horario para Reservas? Esta decisión estará condicionada por el carácter de las reservas, es decir, se sabe que se necesita este subdepartamento pues el establecimiento trabaja con pocos clientes de paso, pero cabe preguntarse cuándo y quién efectúa estas reservas.

Si los clientes proceden principalmente de agencias de viajes (AAVV) o de empresas, las reservas se solicitarán en horario comercial. En cambio, si proceden de particulares, la solicitud de las mismas llegará al establecimiento cualquier día y a cualquier hora.

Para establecer el horario del servicio de reservas hay que conocer el origen de nuestros clientes: agencia de viajes/empresa o particulares.

De esta forma, el horario de Reservas podría quedar:

a. **Reservas procedentes de empresas y AAVV:** de lunes a viernes de 09.00 a 21.00 horas y sábados de 09.00 a 13.00 h. Festivos cerrados. El resto del tiempo las reservas entrantes las atiende Mostrador.

b. **Reservas procedentes de particulares:** de 09.00 a 21.00 horas de lunes a domingo. El resto del tiempo las reservas entrantes las atiende Mostrador.

En cuanto al personal del subdepartamento, normalmente suele existir un *Jefe de reservas* y tantos reservistas como necesite el establecimiento: a mayor cantidad de servicios que ofertar, mayor será la necesidad de personal.

Las diferentes categorías profesionales que se pueden encontrar en Reservas son:

1. **Jefe de reservas:**

   ▪ Organiza y supervisa el subdepartamento.
   ▪ Toma las decisiones oportunas para alcanzar los objetivos marcados.

■ Establece directrices de trabajo para el personal a su cargo y realiza el seguimiento del mismo.

■ Mantiene relaciones con otros jefes de departamento y superiores para la adecuada gestión del establecimiento.

2. **Reservista:**

■ Realiza de forma autónoma las tareas propias del subdepartamento, así como las encomendadas por sus superiores.

3. **Auxiliar de reservas:**

■ Colabora en las tareas de Reservas, prestando apoyo a otros trabajadores.

■ Realiza tareas sencillas, principalmente, de archivo y documentación.

Sabía que...

En el sector turístico es muy común el uso de términos anglosajones, aún disponiendo de vocabulario propio. Así, al personal de Reservas se le llama también personal de *Booking*, o se emplea el término "camping" para referirse a los campamentos de turismo.

Aplicación práctica

Usted trabaja en un establecimiento hotelero y su jefe le encarga que elabore un informe con el fin de crear de manera justificada un subdepartamento de Reservas en la empresa, ¿qué características tendría que cumplir el establecimiento para que su informe justificara la creación de dicho subdepartamento?

Continúa en página siguiente >>

<< Viene de página anterior

SOLUCIÓN

I Número elevado de unidades de alojamiento.
I Contar con pocos clientes de paso.
I Trabajar mayoritariamente con AAVV o empresas, que envían clientes con reserva previa.
I Estancias de clientes cortas, lo que supone una mayor petición de reservas.

2.2. Funciones

El objetivo principal del departamento de Reservas de un hotel es incrementar las peticiones de reservas de habitaciones para así impulsar los ingresos del establecimiento. El personal de este departamento, tiene como función diaria la recepción y control de las peticiones de reserva de habitaciones provenientes de empresas, AAVV y particulares.

Este subdepartamento siempre debe estar en contacto con el *front office,* puesto que es desde dónde se lleva un control continuo y actualizado de la situación del establecimiento a tiempo real (entradas del día, habitaciones ocupadas, salidas, *no shows,* etc.) y en base a esos datos, el departamento de reservas debe llevar a cabo actuaciones para vender el máximo de habitaciones posibles.

Pero para que Reservas pueda desempeñar con efectividad su trabajo y alcanzar el objetivo de máxima ocupación en el establecimiento, es necesario que el personal cumpla con las siguientes funciones:

1. Conocimiento de la oferta y demanda del establecimiento.
2. Control y seguimiento de la disponibilidad.
3. Gestión de archivos y documentación.
4. Comunicación con el exterior.
5. Relación con otros departamentos.

Conocimiento de la oferta del establecimiento

Puesto que Reservas es el encargado de vender los servicios del establecimiento, es necesario que conozca con precisión el abanico de ofertas y sus características, con el objeto de poder responder satisfactoriamente a las solicitudes presentadas por los clientes.

De esta forma, es necesario que conozca a la perfección, entre otros, los siguientes aspectos del establecimiento:

- Habitaciones.
- Otros servicios disponibles y sus horarios.
- Tarifas y formas de pago.
- Servicios externos al establecimiento.
- Demanda

Habitaciones

Cantidad, tipología, capacidad, ubicación en el establecimiento, decoración, servicios de que disponen, vistas, etc. Puesto que las habitaciones son el producto más importante que gestiona, es preciso que sea capaz de informar hasta del más mínimo detalle sobre las mismas.

Respecto a la ubicación de las habitaciones en los alojamientos, ésta sigue un criterio que facilitará a otros departamentos, como Reservas, la localización, preasignación e identificación de las mismas.

 Importante

No se deben confundir los términos "preasignación" y "asignación" de habitaciones. Preasignar es otorgar el número de habitación a una reserva y, por tanto, antes de la llegada del cliente. Asignar es otorgar la habitación. Por tanto, Reservas siempre preasignará habitaciones, pero nunca podrá asignar.

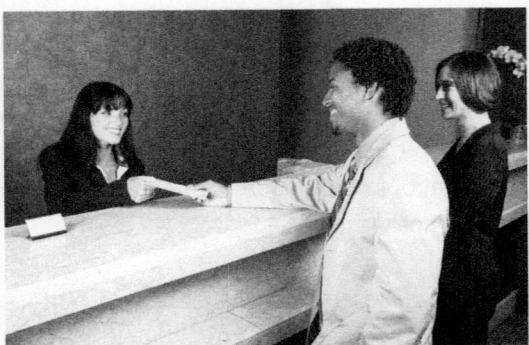

La labor de preasignación de habitaciones será más fácil, y conllevará menos errores, si el sistema de distribución de las habitaciones es el correcto.

Para garantizar un sistema de distribución de las habitaciones correcto:

▮ Todas las habitaciones ubicadas en la 1ª planta comenzarán su numeración con el número 1, las de la 2ª planta con el 2, y así, sucesivamente. Existen establecimientos realmente grandes que llegan a tener hasta 10 plantas. En este caso, la habitación número 15 de la 10.ª planta llevará la numeración 1.015.

▮ Se procurará que la distribución en planta de las habitaciones siempre sea la misma.

▮ Todas las habitaciones de características similares tendrán una situación semejante en cada planta, es decir, llevarán la misma numeración.

▮ Las mejores habitaciones, como las *suites,* suelen estar emplazadas en las plantas superiores, pues tienen las mejores vistas y son más tranquilas.

 Nota

La distribución en planta de las habitaciones va a depender del diseño de edificio.

Ejemplo

Todas las habitaciones de nuestro establecimiento que tengan salón serán la número 4, todas las *suites* la número 6 y todas aquellas que tengan terraza la número 10. En el pasillo de la izquierda irán siempre las habitaciones pares y las impares a la derecha. La número 3 será siempre una habitación con vistas interiores. La numeración comienza con la habitación del fondo del pasillo a la derecha en el sentido de las agujas del reloj.

De esta forma sabremos que la 408 está ubicada en la 4.ª planta, no es una habitación con características especiales, tiene vistas exteriores, y si se dispone de 20 habitaciones por planta, la 408 será la segunda a la derecha conforme se accede al pasillo.

El mismo sistema de distribución se puede establecer para las unidades de alojamiento de otro tipo de establecimiento, como cada una de las unidades en los apartamentos turísticos o las parcelas en los *campings.*

Otros servicios disponibles y sus horarios

Además del alojamiento, el establecimiento puede disponer de servicios tales como piscina, restaurante, cafetería/bar, *parking,* salones, alquiler de coches, tiendas, lavandería, gimnasio, etc. Junto a la oferta de servicios, también se deben conocer sus horarios.

Nota

Las tiendas ubicadas en establecimientos hoteleros pueden estar explotadas por el propio establecimiento o alquiladas a terceros.

Tarifas y formas de pago

Ha de conocer cuál es la tarifa aplicable en cada momento para los servicios solicitados y la correspondiente forma de pago. Es importante saber que existe un abundante número de tarifas, como por ejemplo tarifa empresa, fin de semana, de grupo, etc. Además de eso, desde el departamento de reservas se modifican los precios de venta de las habitaciones frecuentemente para mejorar las posibilidades de ocupación.

Servicios externos al establecimiento

Servicios externos que puedan ser de interés para los clientes. Aunque estos no supongan un ingreso para el establecimiento, el cliente siempre agradecerá poder ser informado sobre la existencia de farmacias cercanas, bancos, paradas de autobús, etc., lo cual repercutirá positivamente en su satisfacción gracias a la atención recibida por el personal de reservas.

Demanda

Se trata de conocer el tipo de cliente que tiene el establecimiento para realizar un prognóstico y así poder calcular futuras ventas. Por ejemplo, si un hotel suele contar con una demanda de familias con hijos, lo normal es que haya más reservas para los fines de semana, mientras que si es un hotel especializado en congresos y eventos, la mayoría de las reservas se recibirán para hospedarse durante la semana.

Control y seguimiento de la disponibilidad

Esta función es fundamental para poder llevar a cabo una correcta gestión de la ocupación: saber qué habitaciones están ocupadas, cuántas están reservadas y cuántas se pueden vender.

Pero, ¿qué se entiende por disponibilidad? Una habitación disponible es aquella que está en condiciones de ser vendida, por lo que *disponibilidad* será el número exacto de habitaciones que un establecimiento de alojamiento posee en un determinado momento para su venta.

Es muy importante hacer un buen control y seguimiento de la disponibilidad para que haya una correcta gestión de reservas.

El control de la situación del establecimiento deberá hacerse a corto, medio y largo plazo, con el fin de poder ir tomando las decisiones adecuadas para maximizar la ocupación, organizar el trabajo de otros departamentos, etc.

 Ejemplo

El próximo fin de semana se celebra un evento importante en la ciudad, y un hotel decide vender sus habitaciones a 100 € la noche, pues no dejan de entrar peticiones de reservas. En cambio, a partir del lunes se prevé una bajada importante en la ocupación, pues todas las habitaciones tienen salida esa mañana. Está claro que si el hotel no baja sus precios no conseguirá vender sus habitaciones, pues la situación en el resto de establecimientos será similar y los clientes optarán por algo más barato. En este caso, será aconsejable vender a menor precio para asegurarse un mínimo de ventas, y esta decisión se ha debido de tomar *a priori*.

Pero para entender mejor este concepto de disponibilidad es necesario aclarar unos conceptos:

- **Habitación libre:** aquella que no está ocupada.
- **Habitación bloqueada:** habitación libre que no se puede ofertar por un determinado motivo y por un período concreto (está siendo pintada, necesita reparaciones, etc.).
- **Habitación sucia:** habitación libre que no está preparada para su venta.

Observe la siguiente relación:

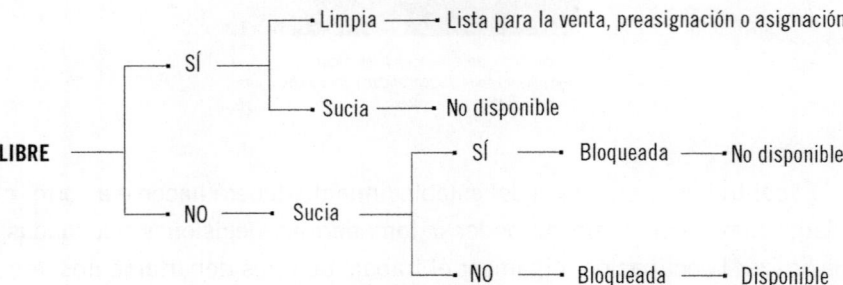

 Aplicación práctica

Usted trabaja en Reservas de un albergue juvenil. Partiendo del gráfico que acabamos de ver, ¿qué condiciones tendría que reunir una habitación para que usted la pudiera considerar disponible?

SOLUCIÓN

Una habitación disponible es aquella que reúne las siguientes características: está libre, limpia y no bloqueada.

Importante

Aunque en la práctica laboral se utilice el término *'libre'* para referirse a una unidad disponible, es preciso saber establecer la diferencia, pues una habitación libre no tiene porqué suponer ingresos para el establecimiento, pero una disponible sí.

En un principio, puede parecer una tarea sencilla el determinar qué habitaciones se pueden ofertar y cuáles no, pero un error en el control de la disponibilidad puede acarrear problemas importantes al establecimiento. Por ejemplo, vender una misma habitación a dos clientes distintos, reservar una que ya esté ocupada, etc., lo que supone un problema a la llegada del cliente, y al que habrá que dar respuestas y soluciones. Por ello, se ha de tener claro cuáles son los puntos a tener en cuenta a la hora de determinar esta disponibilidad:

- Habitaciones totales existentes en el establecimiento.
- Habitaciones ocupadas en la noche anterior y que continúan su estancia.
- Llegadas del día.
- Habitaciones bloqueadas.
- Habitaciones sucias.
- Cupos de agencias de viajes (se estudian en la siguiente unidad).
- Eventos importantes que vayan a suceder en el lugar donde se ubica el establecimiento (conciertos, fiestas, partidos de fútbol, etc.).

Nota

Lo normal es que a lo largo del día se vayan limpiando todas las habitaciones de salida, pero en el caso de que no fuera así, habría que tenerlas en cuenta para restarlas de la disponibilidad.

Teniendo en cuenta lo anterior, se puede determinar, no solo el número de habitaciones disponibles, sino también cuáles son esas habitaciones. El documento de Reservas que recoge toda esta información es el **planning.** El *planning* ha de estar continuamente actualizado para dar la disponibilidad exacta.

Gestión de archivos y documentación

Independientemente del método de trabajo empleado, de forma manual o informatizada, cualquier departamento genera y maneja una cantidad importante de documentos impresos. Puesto que en el Capítulo 3 se estudian las aplicaciones informáticas de reservas, se enfoca este apartado desde el punto de vista manual.

El uso de programas informáticos no supone carencia de información impresa.

En Reservas coexiste una amplia y variada tipología de documentación:

- Peticiones de reservas pendientes de contestar.
- Reservas efectuadas.
- Documentos para la consulta de disponibilidad.
- Copia de informes emitidos a otros departamentos.
- Tarifas a aplicar a cada tipo de cliente.
- Acuerdos con agencias de viajes, empresas y otros.
- Datos de clientes y empresas.
- Información general de los servicios ofertados por el establecimiento.
- Información general de los servicios de la ciudad.
- Etc.

Respecto a los documentos de uso frecuente, como pueden ser los de consulta de disponibilidad, tarifas aplicables u ofertas de servicios, es conveniente que se sitúen cerca del personal, almacenados en gavetas diferentes y de manera accesible para todos los trabajadores.

 Definición

Gaveta
Cajón corredizo que hay en los escritorios y sirve para guardar lo que se quiere tener a mano.

En cuanto a las reservas, estas se han de archivar en lugares distintos según sea una petición, una reserva en firme o una anulación. El método más eficaz es archivarlas por fecha de llegada, pues es el criterio de búsqueda más idóneo. De esta forma, para el mes en curso existirá un archivo dividido por días, en el que se irán almacenando las reservas efectuadas según fecha de llegada, y archivadores para los meses pasados con las reservas antiguas. Quedaría de la siguiente manera:

Reservas en la lista de espera	Enero	Febrero	Marzo	Abril	Agrupadas por meses

Anulaciones de reservas	Enero	Febrero	Marzo	Abril	Agrupadas por meses

De ambas reservas no interesa hacer clasificaciones por día puesto que la cantidad de documentos a priori será mucho menor, además, una reserva archivada en lista de espera pasará a reserva confirmada una vez se consulte disponibilidad y se dé contestación.

Reservas confirmadas	1	2	3	4	5	Agrupadas por mes y día
	ENERO					

Las peticiones de reserva pendientes de contestar no requieren de archivo, puesto que Reservas ha de contestarlas en un determinado plazo de tiempo, así se depositarán en una gaveta hasta darles respuesta y posteriormente se archivan como corresponda.

 Consejo

No olvide que en Reservas todo documento con el que se trabaje es válido y aunque se trate de una anulación de servicios, nunca hay que precipitarse en destruir un documento.

Comunicación con el exterior

La comunicación con el exterior del establecimiento se basa principalmente en la contestación de las demandas de información y reserva, o en la confirmación de las mismas por escrito cuando se hacen a través de otra vía (muchos clientes reservan telefónicamente y solicitan la confirmación a través de fax, correo electrónico, etc.). Pero también, puede necesitar comunicarse con empresas o agencias de viaje a la hora de llevar el seguimiento de la documentación de una reserva, por ejemplo, que aún no se haya recibido la *rooming list* de un grupo.

 Definición

Rooming list
Documento con listado de habitaciones asignadas a un grupo de huéspedes, es decir, se indica en qué habitación se hospeda cada miembro del grupo.

En estos casos, la imagen del establecimiento también se transmite a través de la comunicación escrita.

Reservas ha de ser cuidadosa a la hora de redactar los documentos ya que transmiten la imagen del establecimiento.

El resto de funciones se irán estudiando a lo largo del manual conforme se vayan desarrollando los contenidos.

Relación continua con otros departamentos

La relación interdepartamental en los hoteles es crucial para su buen funcionamiento. En un hotel no hay departamentos más importantes que otros, ya que todos son cruciales para el buen funcionamiento del mismo. Por ejemplo, si desde Recepción no le indican que una habitación determinada está bloqueada por reformas, Reservas la venderá pensando que sigue disponible.

3. Las reservas en establecimientos de alojamiento

Este apartado analiza el concepto, tipos y estado de las reservas.

3.1. Concepto

Cabe plantearse qué se entiende concretamente por **reserva** en este ámbito. Así, la definiremos como la solicitud de unos servicios concretos durante un tiempo determinado y bajo unas condiciones establecidas.

 Recuerde

Se puede decir que el subdepartamento de Reservas es aquel que se dedica a la reserva y/o venta de los servicios de un establecimiento, principalmente de las habitaciones, por lo que tiene como objetivo alcanzar la máxima ocupación del alojamiento.

Es interesante analizar la definición anterior para poder extraer las siguientes conclusiones.

- **Solicitud:** a lo largo del capítulo se ha dicho que Reservas se encarga de vender pero, puesto que no recibe la contraprestación económica del servicio (o al menos no en su totalidad, pues sí que puede pedir anticipos), no se puede hablar de una venta firme. De lo que se trata es de *"guardar"* los servicios que el cliente sabe de antemano que consumirá en el establecimiento. El motivo para efectuar la reserva es el de asegurarse de que esos servicios estarán disponibles a su llegada.
- **Servicios concretos:** en su solicitud, el cliente reserva unos servicios determinados, que son los que hay que dejar claros en el acuerdo.

 Definición

Oferta de servicios
Conjunto de prestaciones que, a cambio de un precio, satisfacen las necesidades de los clientes durante el tiempo de estancia en el establecimiento.

Esto lleva a la necesidad de analizar los **tipos de servicios existentes,** y aquellos que el cliente puede solicitar en reserva, pues aunque el establecimiento se caracterice por una amplia oferta, no todos son gestionados por el subdepartamento de Reservas.

La principal motivación del cliente a la hora de acudir a estos establecimientos es el descanso, lo que lleva a definir su servicio base o principal: **el alojamiento.**

 Definición

Alojamiento turístico
Es aquel que comprende el uso y goce pacífico de la unidad de alojamiento y servicios complementarios a la misma.

Por **servicio complementario** se ha de entender todo aquello que no sea el alojamiento, es decir, el resto de la oferta: *parking,* cafetería, restaurante, lavandería, *room service,* piscina, etc.

Otro modo de clasificar los servicios es:

- **Servicio ordinario:** las comidas (desayuno, almuerzo y cena) siempre en régimen de menú y el alojamiento.
- **Servicio extraordinario:** todos los demás servicios.

Puesto que ambas clasificaciones son combinables entre sí, se puede decir que:

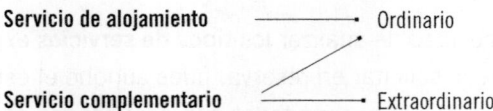

La existencia de una mayor o menor oferta de servicios, bien sea de alojamiento u otros complementarios, está sujeta a una serie de variables descritas a continuación.

Categoría

Las distintas normativas establecen una serie requisitos y servicios mínimos que han de reunir los establecimientos en función de la categoría que ostenten, o pretendan ostentar. Así, si acudimos un hotel de 2 * no esperaremos encontrarnos secador de pelo en las habitaciones, pero en uno de 4 *, sí.

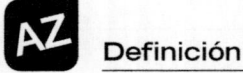 **Definición**

Categoría
El nivel que ostenta un establecimiento dentro de su grupo.

La categoría es otorgada al establecimiento por parte de la administración turística competente de cada comunidad autónoma, es decir, en nuestro país cada región tiene competencia para desarrollar sus propias normativas en materia de turismo, lo que conlleva a que exista una Ley del Turismo en Andalucía, Ley del Turismo en Galicia, etc., así como distintas normativas reguladoras de los establecimientos de alojamiento. Aún así, estas normas no difieren mucho unas de otras, siendo los establecimientos de la misma categoría iguales en cuanto a servicios en cualquier región de España.

Tipo de clientela / especialización del establecimiento

El mercado de clientes al que se dirija la empresa condiciona la especialización de esta y, por tanto, la existencia o no de determinados servicios, como pueden ser los salones en el caso de hoteles de negocios.

Estrategia de negocio

Se entiende como el modo en que la empresa decide gestionar su establecimiento. Así, si esta es de diferenciación, optará por una oferta de servicios distinta a la competencia, en ocasiones, más exclusiva. Si la estrategia es de liderazgo en costes, el establecimiento puede sustituir unos servicios por otros que le resulten más económicos, como puede ser eliminar la cafetería y poner máquinas expendedoras (este ahorro en costes le permitirá establecer tarifas al público más bajas).

Tiempo determinado

Cuando se compra un servicio no se adquiere algo tangible, sino una experiencia, de ahí que la reserva haya de referirse a un período concreto, que supone el comienzo y el fin de del disfrute de los servicios.

En el caso concreto de las habitaciones, el derecho al uso de estas comienza después de las 12.00 del día de llegada y finaliza a las 12.00 horas del día de salida.

Condiciones establecidas

Hace referencia principalmente a aspectos económicos, como al precio estipulado por los servicios y a lo que este incluye, a la realización de un anticipo económico por la reserva, algún tipo de descuento, etc. Pero también puede referirse a otros marcados por el cliente, por ejemplo, pedir una habitación sin moqueta, situada en plantas inferiores.

3.2. Tipos y estados de las reservas

Ya se ha indicado en el punto anterior que Reservas no gestiona todos los servicios que ofrece un establecimiento, pues muchos de ellos se pueden solicitar sin ningún problema una vez alojado el cliente.

Tipos de reserva

El departamento de reservas suele clasificar las mismas de la siguiente forma:

- **Reserva individual:** reserva de habitaciones cuyo cómputo total de *pax* no supere a los 10.
- **Reserva de grupo:** reserva de habitaciones cuyo cómputo total de *pax* sea superior a 10. En la práctica muchos establecimiento exigen unos 20-25 *pax* en una misma reserva para poder considerarlo grupo, y consecuentemente aplicar unas condiciones especiales.
- **Reserva de servicios complementarios:** principalmente salones. El uso de estos salones puede ser muy variado: banquetes, reuniones, cursos, entrevistas de trabajo, exposiciones, etc. Los establecimientos dirigidos al mercado de reuniones o turista de negocios, tienen en estos servicios una fuente adicional de ingresos muy importante. Este trabajo es una función propia del departamento de Comercial interno, por lo que no se verá en Reservas.

 Definición

---

Pax

Abreviatura (de pasajero) utilizada en el *argot* turístico que se utiliza para referirse a la cantidad de personas de una reserva (por ejemplo: habitación para 2 pax.).

Por tanto, los servicios fundamentales que gestiona Reservas son las habitaciones, si bien es cierto que el hecho de reservar una habitación o un salón puede llevar consigo la solicitud de otros, como el *parking* o determinadas comidas, pero se trata de servicios que solo son consumidos por los propios clientes del establecimiento, por lo que no forman parte del concepto *gestión del establecimiento.*

Estado de las reservas

En cuanto al estado de las solicitudes, estas se pueden encontrar en cuatro situaciones:

Ok

Se trata de aquella reserva que está confirmada y garantizada (a través de tarjeta de crédito, un depósito o un bono de AAVV), es decir, que aunque el cliente no se presente el día previsto de llegada (produciendo un *no show),* el establecimiento tiene asegurado el cobro de los servicios, por lo que en estos casos al cliente se le guardará la habitación hasta las 12:00 horas del día de salida.

Según el tipo de bono emitido por la AAVV, este será un documento de pago o no para el cliente.

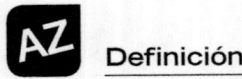

Definición

Bono
Documento emitido por una AAVV que acredita al cliente la reserva de unos servicios en el establecimiento, pudiendo ser también un medio de pago.

Tipos de bonos:

- **Bono reserva.** Es un tipo de bono que solo sirve para reservar. No es ningún tipo de garantía de cobro puesto que los servicios consumidos serán abonados directamente por el cliente en el establecimiento. La AAVV se limita a reservar, pero no cubre ningún gasto.
- **Bono de servicios.** Cubre económicamente los servicios en él especificados, es decir, el cliente no pagará por lo que se incluya en el bono (sí otros servicios que pueda consumir aparte), y la factura será enviada a la AAVV para reclamar su pago.
- **Bono depósito.** Además de reservar unos servicios, cubre una determinada cantidad de dinero que se ha de especificar. En el momento que el cliente se exceda en su consumo de esa cantidad, deberá abonarlo él. A la agencia solo se le facturarán los servicios por valor del depósito indicado.
- **Bono *full credit*.** Es aquel que cubre todos los servicios que el cliente consuma, pues todos los gastos serán reclamados a la agencia.

Hoy en día es un procedimiento habitual pedir algún tipo de garantía sobre la reserva, lo más normal es un número de tarjeta de crédito, para asegurarse el cobro de la misma en caso de *no show*.

 Definición

No show
Cliente que, teniendo una reserva en el establecimiento, no se presenta en la fecha prevista.

Hasta determinada hora

Es aquella reserva que está confirmada, pero no existe ningún tipo de garantía de cobro en caso de no presentarse el cliente. En estos casos, lo que se hace es guardar la reserva hasta una determinada hora (lo más normal es mantenerla hasta las 20.00 horas, adelantándola a las 18.00 horas en época de más demanda), de forma que el establecimiento pueda hacer uso de esa/s habitación/es en caso de que le haga falta.

On Request

Aquella reserva pendiente de confirmación por parte del cliente. Este estado no es muy habitual, pues lo normal es que el establecimiento solo acepte las reservas confirmadas y no pierda así oportunidades de venta, pero en épocas de muy baja ocupación o con clientes especiales, como los VIP, puede darse esta situación.

 Definición

VIP
Very Important Person. Es el tratamiento que se le da a determinados clientes como artistas, deportistas de élite, políticos, magnates, etc. También existen clientes VIP que son particulares para cada empresa por ser importantes o especiales para ese establecimiento en concreto y no para otros.

Waiting list (WL)

Reserva que se encuentra en lista de espera. Ocurre en casos de alta demanda en los que no se puede dar contestación positiva al cliente en su solicitud, por lo que la reserva pasa al estado de WL hasta que exista disponibilidad.

 Aplicación práctica

El establecimiento para el que trabaja le permite las siguientes situaciones: cliente con bono reserva, cliente que deja número de tarjeta de crédito y cliente con reserva en estado WL. Si el sr. Pérez tiene guardada su habitación hasta las 12.00 h del día de salida, ¿qué tipo de reserva ha efectuado?

SOLUCIÓN

Cliente que deja número de tarjeta de crédito, puesto que el bono reserva no es garantía de pago y una reserva en WL no está confirmada.

4. Resumen

Se ha hecho un análisis de Reservas como subdepartamento:

- **Organización.** Reservas se ubica en el departamento de Recepción, dentro del Área de Alojamiento, dependiente de Dirección.

   No todos los establecimientos poseen departamento propio de Reservas, ya que la existencia de este está condicionada por una serie de factores:

   1. Origen de los clientes, que determina el modo de acudir al establecimiento: con o sin reserva.
   2. El tamaño del establecimiento, definido por el número de unidades de alojamiento, lo que supondrá un mayor o menor volumen de trabajo.

3. Si es una cadena hotelera, ya que suelen contar con una central de reservas propia que recoge las reservas para todos los hoteles de la cadena.

■ **Funciones.** Gestionar la ocupación de un establecimiento, lo que implica una serie de tareas:

1. Conocimiento de la oferta y demanda del establecimiento.
2. Control y seguimiento de la disponibilidad.
3. Toma de reservas y gestión de las mismas.
4. Gestión de archivos y documentación.
5. Comunicación exterior.
6. Relación con otros departamentos.

Reservar consiste, desde la perspectiva del cliente, en solicitar unos servicios concretos al establecimiento; y desde la perspectiva de reservas, confirmar que se pueden prestar esos servicios y asegurarlos a la llegada del cliente. Principalmente, Reservas gestiona los servicios de habitaciones, diferenciando entre reservas individuales y de grupo.

Los distintos estados en los que se pueden encontrar estas reservas son: OK (confirmada y garantizado su cobro), hasta determinada hora (confirmada, no garantizada), RQ (pendiente de confirmación por parte del cliente) y WL (lista de espera por falta de disponibilidad).

Ejercicios de repaso y autoevaluación

De las siguientes frases, indique cuál es verdadera o falsa. En el caso de las falsas, justifique su respuesta.

1. Un cliente *walk-in* nunca puede ser un *no show.*

   ☐ Verdadero
   ☐ Falso

2. Reservas, junto con Caja, son dos subdepartamentos del *back-office* de Recepción.

   ☐ Verdadero
   ☐ Falso

3. A través del subdepartamento de Reservas el establecimiento transmite una determinada imagen al cliente.

   ☐ Verdadero
   ☐ Falso

4. Reservas debe conocer el tipo de desayuno que se ofrece en el establecimiento.

   ☐ Verdadero
   ☐ Falso

5. Se entiende por disponibilidad todas aquellas habitaciones libres del establecimiento en un determinado momento.

   ☐ Verdadero
   ☐ Falso

6. La mejor forma de archivar una reserva es por orden alfabético.

   ☐ Verdadero
   ☐ Falso

7. La lavandería es un ejemplo de servicio complementario ordinario.

   ☐ Verdadero
   ☐ Falso

8. Un cliente que acude al establecimiento con un bono de servicios tiene garantizada su reserva llegue a la hora que llegue.

   ☐ Verdadero
   ☐ Falso

9. Los trabajos desempeñados por Reservas y Mostrador son totalmente independientes.

   ☐ Verdadero
   ☐ Falso

10. Una solicitud de reserva pendiente de confirmar por parte del establecimiento es aquella que se encuentra en situación de WL.

   ☐ Verdadero
   ☐ Falso

Procedimientos de recepción, aceptación, confirmación, modificación y cancelación de reservas

Contenido

1. Introducción

El subdepartamento de reservas es, en la mayoría de los casos, el primer departamento en mantener contacto con el cliente de un establecimiento, que si bien no se trata de un contacto vis a vis, supone la primera impresión y el primer trato que recibe el cliente por parte de la empresa. Por ello, Reservas ha de saber desempeñar correctamente su trabajo, que para el cliente no es otro que encontrar a su llegada al establecimiento todos los servicios contratados en las condiciones previamente pactadas.

Un fallo en la gestión de una reserva puede suponer en la mayoría de los casos perder al cliente, pues este tiene un amplio abanico de establecimientos entre los que poder elegir, por lo que la parte que sale perdiendo es la empresa y no el cliente. Es más, este considerará malo el servicio prestado por el establecimiento, lo que supondrá que hable mal de la empresa a otros posibles consumidores.

Está claro que no en todos los casos se le puede dar al cliente una respuesta positiva en su demanda, por no existir disponibilidad, pero aún así, es preciso aportarle una solución, pues la percepción que se generará en él será mucho más positiva, lo que hará que vuelva a pensar en el establecimiento la próxima vez que precise de los servicios.

Este capítulo trata del trabajo que se genera en Reservas para poder gestionar correctamente los servicios del establecimiento: documentación que consulta, genera, actualiza, etc., y todos los pasos en el proceso de toma de reservas, tanto para la confirmación, modificación como anulación de servicios.

2. Fuentes de reserva

A la hora de gestionar las reservas es necesario conocer quién nos solicita los servicios, pues el procedimiento de trabajo varía en función del origen de la reserva. En la unidad anterior ya se introdujo este punto al hablar de la organización del subdepartamento y de la procedencia de la reserva: agencia de viajes, particular, etc.

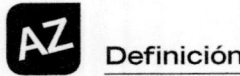 **Definición**

Fuente de reserva
Es el origen o procedencia de la reserva, es decir, la persona o empresa que efectúa la solicitud de los servicios al establecimiento.

Las principales fuentes de reserva para los establecimientos de alojamiento son: agencias de viajes (AAVV), centrales de reserva, particulares y empresas.

2.1. Agencias de viajes

Son los principales distribuidores dentro del sector turístico y, para muchos alojamientos, el origen mayoritario de sus clientes, por lo que los establecimientos pactan acuerdos de trabajo con ellas, acuerdos que benefician a ambas partes: al alojamiento por cuanto las agencias les ayudan a aumentar sus niveles de ocupación al enviarles clientes; y a las agencias de viajes por cuanto el establecimiento le ofrece precios u otras condiciones más ventajosas por ejercer esa labor de intermediación.

Estos acuerdos se elaboran por el departamento Comercial, con el visto bueno de la Dirección y, más concretamente, Comercial externo, que es quien se encarga de captar clientes para el establecimiento.

Reservas, al gestionar una solicitud de servicios de una AAVV, debe saber si hay acuerdo comercial con ella y las condiciones de aplicación.

Los aspectos más importantes a tratar y detallar en los acuerdos entre establecimiento y agencia de viajes y que ambos se comprometen a cumplir, son los siguientes:

- Precios
- Comisiones
- Cupo
- *Release*

Precios

Es el aspecto más importante del contrato. Los establecimientos negocian con las AAVV precios más económicos y competitivos en función de unas determinadas condiciones, como puede ser un volumen de ventas por parte de la agencia, un número concreto de personas, etc.

 Importante

Cabe incidir en que un cliente no puede pagar más por un servicio acudiendo a una AAVV que directamente al hotel.

En el siguiente punto se estudian las tarifas más usuales que se establecen con las AAVV y las condiciones exigidas. En el acuerdo se debe especificar el período de aplicación de los precios pactados.

Comisiones

Son las ganancias que reciben las agencias por intermediar entre el establecimiento y el cliente. El porcentaje de comisión otorgado por el establecimiento varía según la agencia (el tipo de relación que tengan, la frecuencia con la que mande clientes, servicios contratados, etc.), pero suele rondar en torno al 10 % de los servicios contratados, aunque el establecimiento es libre de decidir si la comisión la da solo sobre el alojamiento o también sobre las comidas o algún otro servicio complementario.

Las comisiones representan el principal ingreso de las agencias de viajes en su negocio.

Cupo

Es el número de habitaciones que un establecimiento cede a una AAVV para que disponga de ellas libremente. La razón de ser del cupo es que una agencia, que trabaja bastante con el establecimiento, no tenga que estar llamando para pedir disponibilidad cada vez que un cliente solicite una reserva y pueda utilizar directamente las habitaciones de su cupo, de esta forma solo tendrá que confirmar la reserva con el establecimiento.

El los acuerdos se especifica el número exacto de habitaciones por cupos, el tipo de habitación (casi siempre son dobles) y durante qué temporada o época del año se conceden.

Junto al cupo, también aparece siempre detallado en el contrato el *release.*

Release

Con el fin de que un establecimiento no pierda las habitaciones del cupo concedido a una agencia porque esta no las llega a vender, cada cupo lleva asociado un *release.* Esto es la fecha tope para que una agencia pueda reservar o anular una reserva sin coste de penalización, pudiendo ser una fecha fija del mes (el día 15) o noches de antelación a la reserva (por ejemplo si un hotel establece un *release* de 3 noches quiere decir que la AAVV no podrá realizar reservas de su cupo de habitaciones sin ese período de antelación). De este modo, si una agencia no ha confirmado la reserva dentro de ese período de *release,* pierde el derecho de uso de esas habitaciones, y el establecimiento podrá disponer de ellas. Igualmente, si una agencia cancela una reserva dentro de ese período, el alojamiento le podrá cobrar los gastos de anulación que así se hayan establecido en el contrato.

Consejo

Es importante tener una comunicación muy clara con las agencias de viajes, al igual que una buena relación, ya que al fin y al cabo son una fuente de clientes muy importante.

Ejemplo

Un hotel concede un cupo de 20 habitaciones a una AAVV y se acuerda un *release* de 5 días. Si hoy es día 13, las habitaciones que no hayan sido confirmadas para hacer uso de ellas las noches del 13, 14, 15, 16 y 17, estarán a disposición del establecimiento. A partir de la noche del 18, la agencia podrá seguir disponiendo de un total de hasta 20 habitaciones diarias.

La interpretación también se puede hacer desde otro punto de vista. Las reservas que tengan llegada hoy día 13 deberán de haber sido confirmadas por la agencia, como muy tarde, el día 8.

Con la siguiente representación gráfica se entenderá mejor:

El hotel puede usar hab. del cupo / Dº a cobrar por cancelación

```
                        ├──────────────────────────┤
  8  -  9  -  10  -  11  -  12  - 13 -  14  -  15  -  16  -  17  -  18
     1N    2N     3N     4N     5N     1N    2N     3N     4N     5N
```

Aplicación práctica

Si el hotel en que trabaja concede un *release* de 10 días a una AAVV y hoy es día 3, ¿qué días, de los que a continuación aparecen, puede hacer uso el hotel de las habitaciones del cupo?

a. Día 10
b. Día 12
c. Día 13
d. Día 14

SOLUCIÓN

En las opciones a y b, es decir, los días 10 y 12.

El ajustar el *release* a los cupos es una técnica empleada para maximizar el nivel de ocupación, pues supone el disponer de mayor o menor tiempo de un número de habitaciones. De esta manera, en épocas de alta ocupación, para asegurarse o tener más posibilidades de llenar el establecimiento, los *release* dados a las AAVV son más cortos. Esto permite disponer antes de esas habitaciones conforme vayan haciendo falta y si la agencia necesita vender solo tiene que llamar y pedir disponibilidad al alojamiento.

Ejemplo

En época de baja ocupación, digamos un 30 %, un hotel otorga un *release* de 20 días a una agencia. Puesto que al establecimiento no le hacen falta esas habitaciones, le interesa conceder un plazo largo a la agencia para que esta sí pueda disponer de ellas, además en el caso de cancelación cobrará gastos de anulación e igual esa habitación no se llega a vender.

Continúa en página siguiente >>

<< Viene de página anterior

En época de mayor ocupación, por ejemplo un 95 %, al hotel no le interesa que la agencia disponga de esos 20 días, sino menos, igual 5, pues a él sí que le van a hacer falta. En estos casos, se disminuye el período en que se puede cobrar por cancelación, pero estos gastos serán siempre menores que los ingresos derivados por la venta de esas habitaciones.

Este ajuste se hace en función de los datos estadísticos del establecimiento, es decir, en base a los resultados de ocupación obtenidos en las mismas fechas en años anteriores.

 Aplicación práctica

Si el hotel en que trabaja concede un *release* de 10 días a una AAVV y hoy es día 3, ¿para qué reservas de las siguientes puede el hotel cobrar gastos de cancelación en el caso de que la agencia llame hoy para anularlas?

a. Reserva con llegada el 8.
b. Reserva con llegada hoy.
c. Reserva con llegada el 13.
d. Reserva con llegada el 22.

SOLUCIÓN

En los casos a y b.

Indemnizaciones

Son los pagos derivados por el no cumplimiento del acuerdo, pueden ser tanto para el establecimiento como para la agencia, así como los pagos por cancelación de la reserva de los servicios dentro de *release*.

Ejemplo

Incumplimiento por parte del establecimiento: no ofrecer los servicios en condiciones, cambiar tarifas sin previo aviso.

Incumplimiento por parte de la agencia: no alcanzar el volumen de facturación acordado con el establecimiento.

Gratuidades

Se refiere al número de *pax* que no pagan. El establecimiento suele dar gratuidades a la agencia en el caso de reservas de grupo, que incluyen tanto el alojamiento como las comidas, pero aún así se ha de especificar en el acuerdo: a qué servicios se aplica la gratuidad, a qué tipo de habitación (pues los precios son diferentes) y cada cuántas personas de pago se da la gratuidad (lo normal suele ser cada 20-25 *pax)*, pero puede variar de un establecimiento a otro.

Recuerde

El concepto de *pax* equivale a persona o individuo.

Ejemplo

Un establecimiento ofrece 1 *pax* gratis por cada 20 de pago. Para que se pueda aplicar, el grupo ha de estar compuesto como mínimo por 21 *pax*, de forma que se cumpla el requisito de 20 de pago. Si el grupo está compuesto por 42 *pax*, habrá 2 gratis.

Aplicación práctica

El establecimiento en que trabaja otorga una gratuidad en habitación doble por cada 15 *pax* de pago. Indique si tienen gratuidad los grupos compuestos por:

a. 5 dobles y 3 triples.
b. 5 dobles y 5 individuales.
c. 5 dobles y 2 individuales
d. 17 individuales.

SOLUCIÓN

Tendrían gratuidad las opciones a y d.

Condiciones de pago

Es otro aspecto importante de la negociación y hace referencia al modo de pago (lo más común es a través de transferencia bancaria) y al tiempo de pago. Este último empieza a contar desde que se extiende la factura y suele establecerse un período de 30 o 60 días.

También se especifican en este apartado las garantías de pago exigidas a la agencia.

Como es lógico, cada contrato será diferente para cada agencia que trabaje con el establecimiento, pues está desarrollado según unas condiciones específicas pactadas con cada una. El Anexo 6.1 recoge un modelo de contrato entre un establecimiento hotelero y una agencia. En él se podrán incluir más cláusulas si así se estima.

2.2. Centrales hoteleras de reservas

Son departamentos donde se centraliza todo el trabajo de Reservas para diferentes alojamientos.

Hay establecimientos que disponen de sus propias centrales para tramitar sus solicitudes, tal es el caso de las cadenas hoteleras, que disponen de un departamento central donde se gestionan todas las reservas de todos sus establecimientos. O bien, son departamentos de un grupo formados por hoteles independientes.

 Sabía que...

La particularidad de las centrales de reserva es que permiten ahorrar costes, ya que al hacerse todo desde el mismo punto no se necesita tanto personal.

2.3. Centrales de reservas

La diferencia con el anterior es que estas son empresas constituidas como tal y gestionan además las reservas de otros servicios turísticos, no solo el alojamiento, como pueden ser plazas de avión. Además, no trabajan para unos establecimientos determinados, sino que pueden vender habitaciones de todos aquellos que quieran utilizarlas como intermediarios, pues al igual que las AAVV, son distribuidores turísticos.

Las centrales hoteleras de reservas son departamentos dentro de una empresa hotelera y las centrales de reserva, empresas que, entre otros servicios, venden plazas de hotel.

2.4. Empresas

Existen empresas con las que también se firman contratos comerciales, pues suelen enviar a muchos de sus trabajadores a lo largo del año al establecimiento, lo que supone una importante de facturación, y eso da lugar a la negociación de condiciones más ventajosas.

Precio

Como en el caso de las AAVV es un apartado fundamental en el contrato. Los precios negociados para cada empresa están en función del volumen de ingresos que se comprometa a generar al alojamiento, es decir, a mayor facturación más económicos serán los precios ofrecidos por el establecimiento.

En el siguiente punto se estudian las tarifas más usuales que se establecen con las empresas y las condiciones exigidas. En el acuerdo se debe especificar el período de aplicación de los precios pactados.

Deducciones

Son descuentos porcentuales que se aplican sobre los precios. Los establecimientos los suelen ofrecer en función del número de estancias, servicios contratados, etc.

Indemnizaciones

Se debe especificar la cuantía a pagar, por cualquiera de las partes, por incumplimiento de lo pactado en el contrato.

Condiciones de pago

A las empresas también se les suelen conceder créditos, debido a ese volumen de ingresos antes mencionado. En este apartado se detalla el modo y el tiempo de pago.

Importante

No se debe confundir comisión con deducción. Comisión es una bonificación dada a una AAVV por su labor de intermediación, mientras deducción es un descuento en el precio por un determinado motivo.

2.5. Clientes particulares

Son otra fuente de reserva, pero en este caso no son personas jurídicas sino personas físicas, por lo que no existe ningún tipo de acuerdo con ellas. Dentro de este tipo de clientes se pueden encontrar aquellos que acuden por primera vez al establecimiento, los que vienen con poca frecuencia y clientes asiduos al mismo. Es interesante hacer esta diferenciación por distintos motivos: al cliente que ya ha estado en el establecimiento se le procurará dar la misma habitación, se le pueden ofrecer precios más económicos, el establecimiento ya conoce sus gustos, etc. Esto no quiere decir que se trate de diferente manera al cliente asiduo que al que no lo es, pues el trato ha de ser igual de profesional para todos, además está en manos del alojamiento que el consumidor que empieza a frecuentar el establecimiento se convierta en un cliente fiel.

A los clientes particulares también se les pueden ofrecer gratuidades, pero en este caso no estará condicionado al número de *pax* de la reserva, sino a la importancia del cliente en sí. A estas gratuidades se les conoce como **invitaciones de la casa.**

De la misma manera, también se les puede ofrecer algún tipo de deducción: por número de estancias, antelación en la reserva, etc.

A este tipo de fuente se le conoce también como **reserva directa,** puesto que no viene a través de intermediario o empresa.

Es importante que Reservas tenga a mano, y debidamente archivados, los contratos comerciales firmados por el establecimiento, de manera que pueda consultar en cualquier momento las condiciones de reserva, así como requisitos de aplicación, de las distintas fuentes.

3. Tipos de tarifas

En muchas ocasiones se emplean indistintamente los términos precio y tarifa y, puesto que son conceptos distintos, es necesario empezar estableciendo la diferencia entre ambos:

- **Precio:** es el valor económico de un servicio, es decir, lo que paga un cliente por adquirirlo.
- **Tarifa:** el conjunto de los distintos precios que puede tener un servicio en distintas fechas del año o para distintos clientes.

 Ejemplo

Tarifa verano:

- Habitación individual   70 € (precio)
- Desayuno   12 € (precio)

Tarifa invierno:

- Habitación individual   50 € (precio)
- Desayuno   6 € (precio)

Los precios de las habitaciones de los establecimientos de alojamiento son libres, con la única condición de comunicarlo al cliente, mediante la exhibición de la tarifa de precios de alojamiento en un lugar visible de la recepción y teniendo en cuenta que nunca se podrá aplicar una tarifa superior a la allí expuesta.

Cada establecimiento, en función de su tipo de clientela, establece los tipos de tarifas aplicables más convenientes e, incluso, puede darles su propia nomenclatura. Las más usuales en los establecimientos hoteleros son los siguientes.

3.1. *Rack rate* o tarifa oficial de turismo

Es la tarifa más alta que puede cobrar un establecimiento y, por tanto, es la que hay que comunicar a la administración turística. Dentro de esta misma tarifa se pueden establecer diferentes precios para las distintas temporadas. Los establecimientos las suelen denominar Rack1, Rack2 y Rack3, correspondientes a temporada alta, media y baja respectivamente.

3.2. Tarifa oficial del hotel

Puede coincidir o no con la *rack rate* y es la tarifa que se ofrece a clientes que no tienen ninguna relación comercial con el hotel, es decir, a aquellos particulares que acuden por primera vez al establecimiento. Además, esta tarifa es la que aparece en la publicidad del establecimiento, pues sería imposible que aparecieran todas y divididas por temporadas, aparte de que las tarifas negociadas en los contratos comerciales son confidenciales.

Dentro de esta misma tarifa se pueden establecer diferentes precios para las distintas temporadas.

3.3. Tarifa para AAVV: individual y de grupo

Son las tarifas que se acuerdan en los contratos comerciales, por lo que dependen de la facturación de la agencia. Dependiendo del número de *pax* son tarifas individuales (menos de 20-25 *pax*) o tarifas de grupo (más de 20-25 *pax*). Para reservas individuales los precios pueden venir expresados en importes netos o brutos, pero los grupos siempre serán netos.

Dentro de esta misma tarifa se pueden establecer diferentes precios para las distintas temporadas.

3.4. Tarifa FIT

Foreing International Group. Es aquella que se ofrece a mayoristas extranjeras con el cumplimiento de unas condiciones: un número mínimo de noches de estancia y la contratación de unos servicios determinados.

Suele ser similar a la de AAVV para reservas individuales.

 Definición

Mayorista
Agencia de viajes que adquiere un gran volumen de plazas de alojamiento para la confección de los paquetes turísticos y que posteriormente venderá a través de las AAVV minoristas (que son las que venden al cliente final).

3.5. Tarifa *corporate* o de empresa

También llamada *corporative*. Se ofrece tanto a trabajadores de empresas que tienen acuerdo comercial con el establecimiento como a aquellos que no lo tienen, pero que se prevé un volumen de compra potencial. Sería el caso de una empresa que empieza a mandar trabajadores al establecimiento y que, sin haber firmado ningún acuerdo, se le ofrece esta tarifa en virtud del volumen de ingresos que se prevé.

Dentro de esta misma tarifa se pueden establecer diferentes precios para las distintas temporadas.

3.6. Tarifa preferencial

También se ofrece a clientes de empresa, pero la diferencia con la anterior radica en que con esta sí existe acuerdo comercial firmado, es decir, se ha determinado un volumen de facturación y que por ser mucho mayor que en el caso anterior, las tarifas son mucho más económicas.

Dentro de esta misma tarifa se pueden establecer diferentes precios para las distintas temporadas.

3.7. Tarifa OFS

Tarifa Oferta Fin de Semana. El objetivo de ofrecer esta tarifa es el aumentar la ocupación los fines de semana en establecimientos de ciudad cuyos clientes tienen estancias, principalmente, de lunes a viernes. Es una tarifa que se ofrece al público en general e incluye las noches de viernes y sábado.

Para este tipo no tiene sentido diferenciar temporadas, pues se ofrece en los momentos de menor ocupación.

3.8. Tarifa promocional

Son tarifas con precios económicos ofrecidas en temporada baja para el público en general. La diferencia con la anterior es que esta no incluye únicamente fines de semana, sino que se puede ofrecer en cualquier momento que el establecimiento tenga muy poca ocupación.

3.9. Tarifa por horas

Es aquella que se ofrece cuando la habitación se utiliza solo unas horas (4 o 5 horas). No es una tarifa muy común puesto que los precios de las habitaciones son por jornadas completas (de 12 a 12 horas), pero sí es cierto que algunos establecimientos la ofrecen para incentivar a los clientes.

El siguiente cuadro recoge la relación de tarifas según las principales fuentes de reservas:

+ Cara	Particulares, AAVV y empresas sin acuerdo comercial	AAVV con acuerdo comercial	Empresas con acuerdo comercial
↓ ▼ + Barata	*Rack Rate* Oficial del Hotel Promocional / OFS Por horas	Individual / FIT Grupo	*Corporative* *Preferencial*

 Aplicación práctica

Usted trabaja en la central hotelera de reservas de un grupo de hoteles y durante su jornada de trabajo ha atendido las siguientes demandas:

a. Reserva de un particular para pasar el puente de la Constitución en Benidorm.
b. Ejecutivo de una empresa de bebidas que se aloja casi todos los meses en el establecimiento.
c. Una AAVV que todos los años manda varios grupos en verano.
d. Un cliente particular que quiere alojarse en un hotel en Pamplona para los Sanfermines.

¿Qué tipo de tarifa ha aplicado como más adecuado en cada caso?

SOLUCIÓN

a. Promocional
b. *Corporative*
c. Grupo
d. *Rack Rate*

Una vez definidas las tarifas de las habitaciones, de forma general para todas, se puede decir lo siguiente:

- Los precios se expresan por noche, pero pueden venir referidos por *pax* por habitación.
- En el caso en que se expresen por *pax:*

  - Este será el precio base por persona en habitación doble.
  - El precio de la individual se obtendrá sumando al precio por persona un suplemento (puesto que al establecimiento le sale más caro vender una habitación para una sola persona que para dos); teniendo en cuenta que por ley, el precio de una habitación individual no puede ser más del 80 % del precio de una habitación doble.
  - El precio de la triple se obtiene multiplicando el precio base por tres, pero con un descuento para la tercera persona (aquí ocurre al contrario, es más barato vender una habitación para tres que para dos *pax).*

- Los precios de las comidas siempre son por *pax.*
- Precio neto es aquel que no lleva comisión (la agencia deberá añadir el porcentaje que quiera ganar).
- Precio bruto es aquel que incluye la comisión para la AAVV.

Además de esto, el establecimiento puede aplicar cuantos descuentos o gratuidades quiera, por ejemplo, un descuento del 50 % para menores de 12 años en temporada baja. El único requisito es no superar la tarifa *rack rate.*

 Ejemplo

Los precios ofrecidos por un establecimiento son:

- Precio *pax* hab. doble: 50 €
- Suplemento individual: 12 €
- Descuento 3.ª *pax* triple: 20 %

Continúa en página siguiente >>

<< Viene de página anterior

Según esto, el precio por dos noches de estancia en cada una de las habitaciones sería:

I Hab. doble: 50 € x 2 *pax* x 2 noches = 200 €
I Hab. individual (50 € + 12 €) x 2 noches = 124 €
I Hab. triple [(50 € x 3 *pax)* – 20 % 50 €] x 2 noches = 280 €

 Aplicación práctica

Un cliente llama al servicio de Reservas de su establecimiento y le pide un presupuesto para un grupo compuesto por 10 habitaciones dobles, 2 triples y 1 individual, que entra el día 1 y sale el día 3. A partir de los precios dados y sabiendo que el establecimiento ofrece 1 gratuidad en doble por cada 20 *pax* de pago, ¿qué presupuesto final le ha dado al cliente?

I Precio *pax* habitación doble: 30 €.
I Suplemento individual: 10 €.
I Descuento 3.ª *pax* triple: 15 %.

SOLUCIÓN

10 habitaciones dobles, 2 triples y 1 individual = 27 *pax*, por lo que se concede la gratuidad.

Presupuesto:

I 19 *pax* de pago en doble x 30 € = 570 €
I [(30 € x 6 pax en triple) – 2 x (15 % 30€) = 171 €
I 1 habitación individual = 40 €

Total = 781 € x 2 noches = 1.562 €

El siguiente cuadro resume los tipos de tarifas vistos.

TARIFA	COLECTIVO	REQUISITOS	TEMPORADA
RACK RATE / OFICIAL DE TURISMO	Todo el público	No se puede superar	Alta
OFICIAL DEL HOTEL	Particulares de paso		Todo el año
INDIVIDUAL AA	AAVV	Acuerdo comercial: facturación mínima	Según acuerdo
GRUPOS AAVV	AAVV	Acuerdo comercial: facturación mínima y n.º de *pax*	Según acuerdo
FIT	Mayoristas extranjeros	N.º de noches y servicios concretos	Todo el año
CORPORATE / EMPRESA	Empresas	Se otorga en virtud de un volumen de ventas potencial	Todo el año
PREFERENCIAL	Empresas	Acuerdo comercial: facturación mínima	Según acuerdo
OFS	Todo el público		Fines de semana
PROMOCIONAL	Todo el público		Baja
POR HORAS	Todo el público	Usar la habitación unas horas	Todo el año

4. Procedimientos en la toma de reservas

El procedimiento en la toma de reservas comprende varios pasos.

4.1. Documentación básica

Los principales documentos con los que Reservas trabaja para poder llevar a cabo la gestión del establecimiento son:

1. Hoja de reservas
2. *Cárdex*
3. *Planning*
4. Libro de reservas

Libro de reservas

Hoja de reservas

Es el documento empleado para recoger las solicitudes de los clientes. No existe un formato de hoja de reservas establecido por ley, sino que cada establecimiento diseña el que más le conviene.

En el caso de establecimientos hoteleros, al igual que las reservas esta puede ser de dos tipos: individual y de grupo. Los datos recogidos en esta hoja se pueden ver en los modelos recogidos en los Anexos (6.1 hoja de reservas individual) y (6.2 hoja de reserva de grupo). Son:

Para reservas individuales

Número de reserva o localizador

Es el número que se genera automáticamente al realizar una reserva con un programa informático. Si es la primera que se realiza entonces el localizador será 1, si es la décima 10, etc.

Fecha de entrada

Es el día de llegada del cliente. Por ley, la llegada ha de ser a partir de las 12.00 horas.

Fecha de salida

Es el día de salida del cliente del establecimiento. La hora límite por ley son las 12.00 horas.

Es muy importante especificar bien las fechas que desea el cliente, ya que puede llegar a haber confusión entre el número de días y de noches que desea hospedarse.

 Ejemplo

Un cliente que solicita reserva para "este fin de semana" puede ser entrada viernes y salida domingo, entrada sábado y salida domingo, etc.

De la misma forma, el cliente que desea llegar el día 1 y estar 3 días en el establecimiento, ¿quiere salir el 3 o el 4? Si sale el 3 estará 2 noches y si sale el 4 pasará 3 noches.

Apellidos y nombre

Es el nombre del cliente que va a ocupar la habitación. Es importante tomar los datos en este orden: primero apellidos y luego nombre. Si todo el personal de reservas sigue esta pauta se evitarán posibles errores.

 Ejemplo

Imagine un cliente que se llama Martín Díaz Sebastián y ahora observe lo siguiente:

▪ Díaz Sebastián, Martín.
▪ Martín Díaz, Sebastián.

Sería muy fácil confundir el nombre con el apellido, y eso podría suponer que no se encontrara la reserva del cliente a su llegada, aún estando todo lo demás correcto.

Reservado por

Es el nombre de la persona que efectúa la reserva. En ocasiones, puede ser el mismo huésped el que llame, pero en el caso de empresas, no. Es importante saber quién solicitó los servicios, pues en caso de tener que ponerse en contacto con alguien será con esa persona, y no con el cliente.

Agencia/empresa

Si el cliente viene a través de AAVV o pertenece a alguna empresa.

Teléfono de contacto

Es importante disponer siempre como mínimo de un número de teléfono.

Cantidad y tipo de habitación

Los establecimientos disponen de diversos tipos de habitación y hay que especificar el que se desea en la reserva:

- **Habitación individual** (I/IND). Aquella destinada a una sola persona y por tanto equipada para tal fin: es más pequeña, con una sola cama, un solo juego de toallas, etc. Es un tipo de habitación que está desapareciendo por el poco uso que se hace de ella, pues se suele viajar en pareja y aquellos que lo hacen solos desean habitaciones amplias.
- **Habitación doble**. Habitación acondicionada para dos personas y que será usada por dos *pax*. Esta puede estar formada por dos camas *(twin room)* o una sola cama de matrimonio *(double room)*. En ocasiones, la *double room* suele ser de dos camas juntas unidas a modo de una.
- **Habitación doble de uso individual** (DUI). Habitación doble (pudiendo ser cama de matrimonio o dos camas individuales) vendida para ser usada por una sola persona. Es muy solicitada por los clientes de empresas que viajan solos y desean amplios espacios.

ı **Habitación doble con salón.** Es una habitación doble que dispone de un pequeño salón. En los hoteles de negocios suele estar equipado a modo de despacho.

ı **Habitación triple.** Habitación que va a ser ocupada y por tanto equipada para tres *pax.* Una triple puede ser el resultado de una doble más una cama supletoria o una individual más dos camas supletorias. En el caso que sea doble más supletoria, es preciso saber si la supletoria se instala en una *twin* o en una *double.*

ı **Habitación para discapacitados.** Habitaciones con adaptaciones especiales sobre todo en el baño, pero también en el sentido de apertura de las puertas, mesas, etc.

Baño adaptado

ı **Habitaciones comunicadas.** Son dos habitaciones que se comunican entre sí por una puerta interior, cuya llave solo se entrega en el caso que se vendan como tal.

ı *Suite.* Se trata de la habitación más lujosa del establecimiento y para clasificarla como *suite,* debe tener varios espacios divididos entre sí. Por ejemplo, un dormitorio independiente, un salón con sofás, una zona de lectura o un comedor independiente. Son habitaciones situadas en lugares estratégicos (de menos ruido y mejores vistas) y con terraza amueblada.

ı *Junior suite.* Suelen ser habitaciones *suite* más pequeñas, donde además, los espacios no están tan claramente divididos; en algunos casos la cama está separada haciendo uso del mobiliario como elemento de división (como un pequeño mueble o mesa que sirve de escritorio).

Importante

Un establecimiento no dispone de habitaciones Doble por un lado y DUI por otro. Sino que una misma habitación puede ser ocupada hoy como Doble y mañana como DUI.

Régimen

Hace referencia a las solicitudes del cliente sobre las comidas, siempre en régimen de menú, nunca a la carta. Las posibilidades pueden ser:

- **Solo alojamiento (SA).** El cliente solo pernocta en el establecimiento. También denominado *European Plan* (EP).
- **Alojamiento y desayuno (AD /HD).** También denominado *Continental Plan* (CP).
- **Media pensión (MP).** Es el alojamiento, más el desayuno y una de las dos comidas (almuerzo o cena). También denominado *Modified American Plan* (MAP) y *Half Board* (HB).
- **Pensión completa.** Es la suma del alojamiento más la pensión alimenticia (PA), siendo esta el conjunto del desayuno, almuerzo y cena. También denominado *American Plan* (AP) y *Full Board* (FB).
- **Todo incluido.** Propio de establecimientos tipo resorts, donde el cliente lo tiene todo incluido: comidas y bebidas. La diferencia con la PC es que en esta no entra el servicio de bebidas, como tampoco en la MP, el cliente ha de pagarlas a parte. También conocido como *All Inclusive*.

Importante

No se deben confundir los conceptos PA y PC.

▮ PA = desayuno + almuerzo + cena
▮ PC = alojamiento + PA

 Definición

Resort
Complejo turístico donde el cliente dispone de todo: alojamiento, restaurantes, sitios de ocio, tiendas, etc. Son ciudades de descanso donde el cliente puede pasar sus vacaciones sin necesidad de abandonar el complejo.

Precio

Indicar cuál es la tarifa dada de todas las ofrecidas por el establecimiento. La Ley del Consumidor obliga a dar los precios con el IVA ya incluido. En el caso de que sea una AAVV a la cual se le dé una comisión, el precio se indicará siempre de la siguiente forma:

> Precio habitación – comisión + IVA

Aunque el resultado final a pagar al hotel sea el mismo restando la comisión antes o después que el IVA, para la contabilidad la realidad es distinta.

Ejemplo

Una habitación cuesta 100 € la noche. Se acuerda una comisión del 15 % con una agencia. El IVA es el 10 %. Observe:

▪ 100 € - 15 % COM + 10 % IVA = 93,50 €
     (15 €)   (8,50 €)

▪ 100 € + 10 % IVA – 15 % COM = 93,50 €
     (10 €)   (16,50 €)

No es lo mismo pagar 15 € de comisión que 16,50 € de comisión, de la misma forma que no es lo mismo pagar 8,50 € de IVA que 10 € de IVA.

La forma correcta es la primera por lo siguiente:

Si fuera pago directo en el establecimiento por parte del cliente, el hotel cobraría 100 € + 10 € IVA = 110 €.

Ahora habría que liquidar la comisión a la Agencia de Viajes, es decir 15 € de comisión (15 %) + 3,15 (21 % de IVA) = 18,15 €.

Con esto, el hotel realmente ingresaría lo cobrado menos lo transferido a la agencia: 110 € – 18,15 € = 91,85 €.

En pago directo el hotel cobra 10 € de IVA. En la liquidación a la agencia paga 3,15 € de IVA. Esto supone que realmente el IVA cobrado es de 6,85 €.

Observaciones

Este espacio está destinado a anotaciones no recogidas en otros campos. Por ejemplo, si en el estado de la reserva se marca OK, aquí se pondrá el número de tarjeta de crédito, si el cliente quiere encontrarse flores a su llegada a la habitación, si es un cliente VIP, etc.

Estado de la reserva

Se indicará OK, WL, RQ o la hora hasta la que esta se guarda al cliente.

Anotado en *planning*

El hecho de anotar la solicitud del cliente no quiere decir que se haya hecho la reserva, es decir, descontar esa/s habitación/es de la disponibilidad del establecimiento, para ello habrá que anotarla en el *planning* o pasarla al sistema informático. Esta casilla se marca cuando así se haya hecho.

Anotado en libro de reservas

Es otro documento al que hay que pasar las reservas efectuadas.

Fecha de la reserva

No confundir con la fecha de llegada de la reserva. En este apartado se indica cuándo se reservó, es decir, cuándo hizo el cliente la solicitud.

Firma

Recoge el nombre del reservista que atendió la reserva.

Para reservas de grupo

Las diferencias con respecto a la reserva individual serían las siguientes.

Nombre del grupo

Sustituye al dato *Apellidos y nombre* de las reservas individuales.

Precio

Además de la tarifa a aplicar, puesto que los precios de los grupos se suelen dar por *pax* en doble, hay que indicar el suplemento por individual y el descuento del tercer *pax* en triple, así como las gratuidades que procedan en ese caso.

Estado de la reserva

No se suele poner, pues el apartado de *Depósito* marca el estado de la reserva.

Servicio de llegada

Es el primer servicio que consume el grupo a su llegada. Es necesario especificarlo, pues una MP puede ser cena a la llegada o comida el día de salida.

Servicio de salida

El último servicio que consume el grupo en el establecimiento.

Hora de llegada

Para poder tener preparado, no solo el servicio de llegada, sino todo el trabajo de registro de grupo por parte de Mostrador.

Depósito

Especificar cuándo se pidió el anticipo a la agencia, así como la fecha límite de recepción y cuándo se recibe.

Rooming list

Es la lista de distribución de las habitaciones del grupo, en la que la agencia especifica los nombres de los clientes y el tipo de habitación a ocupar por cada uno. Al igual que en el caso anterior, se anota cuándo se pidió, la fecha limite y la de recepción.

A continuación se exponen las particularidades de las hojas de reservas para otros tipos de alojamientos turísticos y que pueden tener como base el modelo de reservas antes expuesto.

Balnearios

Puesto que a la vez que alojamientos son centros médicos, es necesario recoger en las reservas los datos correspondientes al tratamiento a seguir. Estos datos serían los siguientes.

Inicio y fin del tratamiento

Puede coincidir o no con la estancia del cliente en el establecimiento.

Precio

Es importante dar el precio de los distintos servicios aparte del de alojamiento.

Tipo de servicio

La variedad de prestaciones ofrecidas por los balnearios en materia de salud es muy amplia: circuitos de belleza o de relax, fangoterapia, rehabilitación, tratamiento antitabaco, masajes, etc.

Campings

Los datos que cambian son los de las habitaciones, que ahora hacen referencia a parcelas.

- **Número de adultos y niños:** el precio por *pax* varía si son adultos o niños.
- **Autocaravana:** si el cliente se aloja en autocaravana el precio es mayor que si solo reserva parcela para la tienda.

■ **Coche:** se marcará esta casilla cuando el cliente reserve plaza también para el coche.

Apartamentos turísticos

La capacidad de estos establecimientos se suele medir por el número de habitaciones, que determina el número máximo personas que acoge. Son datos relevantes a tomar:

■ **Número de dormitorios y de *pax*.**
■ **Hora de llegada:** es importante disponer de este dato para que la persona encargada de la entrega de llaves esté a esa hora en el establecimiento.

Aplicación práctica

Pepita es una chica que acaba de empezar a trabajar en el subdepartamento de Reservas de un hotel, por lo que aún no es muy diestra en su trabajo. Hoy ha cogido una reserva para unos trabajadores de la empresa de calzado "DonTacón". A usted le corresponde supervisarla y encuentra siete errores cometidos al rellenar la hoja de reserva, ¿cuáles?

N.º reserva: la primera que hago
Entrada: 6 de octubre todo el fin de semana. **Salida:** para todo el fin de semana
Apellidos y nombre: Pérez Morales, Isabel
Reservado por: Pepita
Agencia/Empresa: Don Tacón
Teléfono de contacto: 666 666 666
Cantidad y tipo de habitación: dos habitaciones para dos personas
Tarifa: individual para agencia de viajes
Observaciones: tarjeta de crédito 2626252625262526 12/12
Estado reserva: hasta las 18:00 horas
Fecha de reserva: hoy
Firma: Pepita

(13) Anotado *planning* ☒
(14) Libro de reservas ☒

Continúa en página siguiente >>

<< Viene de página anterior

SOLUCIÓN

Los siete errores son:

1. En el localizador ha de aparecer el n.º de la reserva y no las que ha hecho la reservista.
2. La fecha de salida está mal expresada.
3. En "reservado por" se indica quién solicita los servicios, no quien toma la reserva.
4. La cantidad y tipo de habitación está mal expresado, pues induce a error, ¿son dos DUD o dos IND?
5. Tarifa es errónea, pues no es una agencia de viajes.
6. El estado de la reserva es OK, pues se dispone de tarjeta de crédito.
7. La fecha de reserva se ha de especificar.

Cárdex

Puesto que este documento prácticamente ha desaparecido de forma manual, se estudia en el Capítulo 3: Aplicaciones Informáticas. En su origen, el cárdex era un documento impreso.

Planning

Es el documento clave para la consulta de la disponibilidad del alojamiento, ya que ofrece la disponibilidad a tiempo real, por lo que su actualización ha de ser constante. Es donde realmente se reservan las habitaciones u otras unidades de alojamiento, ya que es donde se vuelcan las reservas confirmadas. Es decir, es el documento donde, a partir de la información recogida en la hoja de reservas, se planifica la ocupación futura del establecimiento

A continuación se estudian los tres tipos de *planning* existentes, aunque independientemente del que se trate, todo *planning* ha de ofrecer la cantidad exacta de habitaciones ocupadas y por tipo.

Planning nominal

Utilizado principalmente en establecimientos pequeños y con clientes de larga estancia, es decir, con pocas entradas y salidas diarias.

Cada hoja de este *planning* está referida a un mes y se configura con los días de dicho mes a modo de columnas; y los números de las habitaciones, de forma horizontal. Ver Anexo 6.4.

El procedimiento de trabajo es el siguiente:

- Las reservas se reflejan con flechas sobre la habitación correspondiente, desde el día de llegada hasta el de salida. De esta forma, las puntas de la flecha marcan la entrada y salida de dicha habitación.
- Sobre la línea marcada se anota el nombre del cliente, número de pax que ocupan la habitación y régimen alimenticio.

Como se ve, con este *planning* lo que se hace es preasignar directamente el número de habitación a la reserva, lo que se hará siempre de la forma más conveniente y rentable para el alojamiento. Existen unos criterios básicos para la preasignación de habitaciones:

- **Ocupar plantas:** el hecho de ir reservando habitaciones hasta completar plantas permite, por un lado, facilitar el trabajo a las camareras de pisos (no tienen que estar subiendo y bajando) y por otro ahorrar costes al establecimiento, ya que una planta entera vacía se puede "cerrar" en épocas de baja ocupación, cortando el suministro de luz y agua.
- **Habitaciones de grupo:** es preciso otorgar habitaciones de las mismas características a todos los miembros de un grupo (para evitar comparaciones y posibles quejas), en habitaciones cercanas y a ser posible en plantas bajas (se evitan así trasiegos por los pasillos y colapso de los ascensores).
- **Habitaciones con características especiales:** tal es el caso de la habitación para discapacitados (suele existir solo una o dos), habitaciones triples (no todas las habitaciones tienen el espacio suficiente para instalar supletorias), habitaciones con cunas, con determinadas vistas, etc.

■ **Habitaciones clientes VIP:** a este tipo de cliente le gusta ocupar siempre la misma habitación, por lo que reservándola en primer lugar se evita que se dé a otro cliente.

■ **Ocupar días sueltos:** es mejor dar una habitación que tiene salida hoy a una reserva de corta estancia si con ello se logra rellenar huecos sueltos, de manera que queden habitaciones libres para estancias más largas.

 Ejemplo

La habitación 105 tiene salida el día 1 y vuelve a estar reservada para las noches del 4, 5 y 6 de ese mes.

Entra una reserva a nombre del Sr. Gil para una estancia de 3 noches con entrada el día 1. El reservista le otorga la habitación 106.

Posteriormente, entra otra solicitud, Sr. Gómez, para una estancia con llegada el día 2 y salida el 10.

Si el establecimiento está completo se tendrá que denegar esta última, pues no hay disponibilidad. En cambio, si a la reserva del Sr. Gil se le hubiese preasignado la habitación 105, sí habría disponibilidad para la del Sr. Gómez.

El tipo de información que ofrece el *planning* nominal, sin tener que consultar otro tipo de documento, es:

■ Situación del establecimiento cada día del mes a un golpe de vista.
■ Identidad del cliente que ocupa la habitación.
■ Situación en la que se ocupa la habitación (DUI, Doble...) al indicar el número de *pax*.
■ Régimen alimenticio.
■ Número de entradas y salidas por día del mes.

Con este tipo de *planning,* si se da algún cambio de habitación durante la estancia de un cliente, Mostrador ha de consultar primero con Reservas la disponibilidad de esa nueva habitación.

 Ejemplo

Se va a reflejar la siguiente reserva en el *planning* nominal:

I Ruíz, Ana.
I 1 DUI en régimen SA.
I Entrada día 2 de febrero y salida día 4 de febrero.

Mes: FEBRERO

HAB.	01	02	03	04	05	06	07
101 DOB.		Ruíz, Ana. 1 *pax* SA					
102 DOB.							
103 IND.							

 Aplicación práctica

Usted trabaja en un hotel que dispone de 6 habitaciones dobles y 3 camas supletorias. Es el responsable de confeccionar el *planning* nominal para una semana de julio. Durante su jornada laboral recibe las siguientes reservas en este orden, ¿cómo quedaría el *planning* nominal al final de su jornada?

I 1.º Jacinto 1 Doble entrada el 2 y salida el 7. SA.
I 2.º Elena 2 TRI entrada el 1 y salida el 7. AD.
I 3.º Pepe 1 Doble la noche del 1. SA.
I 4.º Luisa 1 DUI la noche del 1. PC.

Continúa en página siguiente >>

<< Viene de página anterior

▌ 5.º Ana 1 Doble la noche del 1. AD.
▌ 6.º Javier 1 Doble entrada el 1 y salida el 5. AD.
▌ 7.º Luis 1 TRI entrada el 1 y salida el 7. AD.
▌ 8.º Arturo 1 TRI para la noche del 3. AD.
▌ 9.º Manuel 1 TRI entrada el 3 y salida el 5. PC.

SOLUCIÓN

Mes : Julio

	01	02	03	04	05	06	07
101	Pepe 2 *pax* AD			Jacinto 2 *pax* SA			
102	Elena 3 *pax* AD						
103	Elena 3 *pax* AD						
104	Luisa 1 *pax* PC		Arturo 3 *pax* AD				
105	Ana 2 *pax* AD						
106	Javier 2 *pax* AD						

A Luis no se le puede dar la TRI para todos los días. Si acorta la estancia, Arturo no tiene habitación, pero sino, la reserva se le da a Arturo. Para Manuel no quedan supletorias.

Planning numérico

Empleado principalmente en establecimientos grandes con estancias cortas (muchas entradas y salidas diarias).

Cada hoja de este *planning* está referida a un día y se configura en tantos bloques como tipos de habitación haya; dentro de cada bloque se anotan en orden descendiente todas las habitaciones que tiene el establecimiento de este tipo. Ver Anexo 6.5.

El procedimiento de trabajo es el siguiente:

▪ Se van tachando habitaciones conforme se vayan recibiendo las reservas, en tantas hojas como noches de estancia.

Las principales desventajas de este tipo de *planning* son:

▪ Para saber disponibilidad hay que consultar tantas hojas como noches de la reserva.
▪ No permite preasignar, con lo que no se sabe qué habitaciones en concreto están reservadas.
▪ Se desconoce la identidad de los ocupantes así como el número de estos.
▪ No da información sobre las entradas y salidas.
▪ Supone tener que manejar una gran cantidad de documentos.

La información que ofrece es el número de habitaciones ocupadas y disponibles por día y tipo. En la práctica, en ocasiones resulta más práctico y manejable hacer una hoja del *planning* por semanas y no por días.

 Ejemplo

Se va a reflejar la siguiente reserva en el *planning* numérico:

2 Dobles. Entrada día 2 de febrero y salida día 4 de febrero.

El establecimiento dispone de hab. 6 IND y hab. 20 DOB.

									Día: 02/02		
DOB.	20	19	18	17	16	15	14	13	12	11	10
	9	8	7	6	5	4	3	2	1		
IND.	6	5	4	3	2	1					

Continúa en página siguiente >>

<< Viene de página anterior

Día: 03/02

DOB.	20	19	18	17	16	15	14	13	12	11	10
	9	8	7	6	5	4	3	2	1		
IND.	6	5	4	3	2	1					

Planning forecast

Al igual que el numérico, se emplea principalmente en establecimientos grandes con estancias cortas (muchas entradas y salidas diarias).

Cada hoja de este *planning* está referida a un mes y se configura por columnas. Ver Anexo 6.6.

- Columna 1: los días del mes.
- Columna 2: los tipos de habitación.
- Columna 3: cantidad de habitaciones de ese tipo que se ocupan ese día.
- Columna 4: cancelación de habitación por noche y tipo, es decir, lo marcado en la columna 3.
- Columna 5: cantidad de entradas *(In)* por día y tipo de habitación.
- Columna 6: cancelación de entradas por día y tipo de habitación, es decir, lo marcado en la columna 5.
- Columna 7: cantidad de salidas *(Out)* por día y tipo de habitación.
- Columna 8: cancelación de salidas por día y tipo de habitación, es decir, lo marcado en la columna 7.

El procedimiento de trabajo es el siguiente:

- Con una pequeña raya vertical se van representando las habitaciones reservadas en la fila correspondiente según el tipo de habitación, anotándolo en las columnas de: habitación (estancia, es decir, esa noche se ocupa la habitación), entrada y salida, según el día que corresponda.

▌ En el caso que se produzca una cancelación, habrá que anular las noches de estancia y la entrada y salida de esa reserva, poniendo tantas rayitas como habitaciones se anulen.

Las principales desventajas de este tipo de *planning* son:

▌ Se desconoce la identidad de los ocupantes así como el número de estos.

▌ Al igual que el nominal, no permite preasignar habitaciones.

La información que ofrece este *planning* es el número de habitaciones ocupadas por día y tipo, la cantidad de entradas y salidas al día por tipo de habitación y las cancelaciones de reservas efectuadas. En los dos *plannings* anteriores la única manera de cancelar es borrando lo anotado, en el *forecast* quedan reflejadas las anulaciones.

En ocasiones, resulta más fácil y manejable hacer una hoja del *planning* por semanas y no por meses enteros.

 **Definición**

Forecast
Término inglés que significa pronóstico, previsión.

Ejemplo

Se va a reflejar la siguiente reserva en el *planning forecast:*

1 Doble y 1 IND. Entrada día 2 de febrero y salida día 4 de febrero.

Después se cancelará la reserva de la IND.

Mes: **FEBRERO**

Días	Tipo	Habitaciones (estancia)	Cancelación habitaciones	*In*	Cancelación entradas	*Out*	Cancelación salidas
1	D						
	I						
2	D	I		I			
	I	I	I	I	I		
3	D	I					
	I	I	I				
4	D					I	
	I					I	I

El siguiente cuadro establece una comparación entre los tres tipos de *planning* estudiados.

PLANNING	TIPO ESTABLECIMIENTO	INFORMA DE	HOJA POR
NOMINAL	Pequeños y con poco movimiento	- Identidad del cliente. - N.º de *pax* que ocupan la habitación. - Régimen. - N.º entradas y salidas por día y tipo de habitación. - N.º de habitación asignada. - Situación general del mes.	Mes
NUMÉRICO	Grandes y con mucho movimiento	- Cantidad de habitaciones ocupadas / libres por tipo.	Día
FORECAST	Grandes y con mucho movimiento	- Entradas y salidas por día y tipo de habitación. - Cancelaciones.	Mes

Libro de reservas

También llamado *Libro de entradas y salidas* pues informa del movimiento diario que se produce en un establecimiento, entendiendo este como el número de habitaciones del que entran y salen en un día concreto.

El libro está compuesto por dos partes: la página de la izquierda que recoge las entradas de un determinado día y la de la derecha que recoge las salidas. Los datos que contiene este libro y que se obtienen de la información de las hojas de reservas se pueden ver en el Anexo 6.7 y son:

- **Apellidos y nombre.** De la persona que se hospeda.
- **Cantidad y tipo de habitación.** Permite saber el número de habitaciones y pax que entran/salen (según la hoja del libro) ese día.
- **Fecha de salida** (solo en la hoja de entradas) **/ fecha de entrada** (solo en la hoja de salidas). Lo que se obtiene con estos es información en cuanto al número de noches de estancia.
- **Cliente.** Es la persona que efectúa la reserva. Ya se ha visto que puede coincidir o no con quien ocupa la habitación.
- **Estado.** OK, WL, RQ hasta determinada hora.
- **Observaciones.** Aquellas que se recogieran en la hoja de reservas.

Este libro es el complemento perfecto de los *planning* numérico y *forecast*, puesto que son los dos que ofrecen una información más limitada. Además, es un documento que sirve para:

- Localizar fácilmente una reserva por la fecha de entrada y/o salida.
- Organización del trabajo de otros departamentos (Mostrador, Pisos, Restaurante, Conserjería...), al permitir hacer previsiones de servicios: *pax* que entran, que desayunan, etc.
- Permite elaborar la lista de llegadas.

Recuerde

No existe un formato obligatorio de los documentos vistos, sino que cada establecimiento es libre de diseñar el modelo que más le convenga, así como de elegir el *planning* con el que quiere trabajar.

4.2. Proceso manual de toma de reservas

Una vez estudiados los documentos que se manejan a la hora de reservar, se verá el proceso que realiza el subdepartamento desde que un cliente solicita los servicios hasta el día antes de su llegada.

Independientemente del modo en que llegue la solicitud, vía telefónica, correo electrónico o fax, existen unos pasos básicos que no se deben olvidar.

Los pasos a seguir al efectuar una reserva se exponen a continuación cronológicamente.

Consulta de disponibilidad

Es el primer paso para poder responder a la solicitud de reserva. Esta consulta se efectúa en el *planning*. Es muy importante verificar la disponibilidad para todas las noches que pida el cliente y para el tipo de habitación que desea. El resultado de esta consulta puede ser:

- **Que no haya habitaciones disponibles.** Se le ofrece al cliente la posibilidad de dejar su petición en lisa de espera (WL) y tan pronto como queden habitaciones disponibles ponerse en contacto con él para confirmar su reserva. Lo que puede pasar es que el cliente necesite o quiera efectuar ya la reserva y como siempre hay que intentar dar una respuesta satisfactoria o solución, se le aconsejará otro establecimiento cercano y de similares características donde poder alejarse, facilitándole incluso el número de teléfono. De esta forma, se puede conservar o ganar un cliente nuevo.
- **Que exista disponibilidad solo para unos días.** Se le ofrecerá la posibilidad de acortar la estancia u ocupar un tipo de habitación distinta para el resto de los días.
- **Que haya disponibilidad total.** En este caso, se le indica que así es y aunque él no lo pregunte se le informa del precio de los servicios, indicándolo siempre con el IVA ya incluido y especificando qué incluye, si el precio es por habitación o por persona y si es por noche o por el total de la estancia.

Cuando se trata de una reserva telefónica, existen unas pautas de atención al cliente trascendentales:

- No tardar en responder al teléfono más de 30 segundos, pues da sensación de ineficacia.
- Sonreír. Aunque no exista contacto directo vis a vis y el cliente no vea que se le recibe con una sonrisa, esta se transmite a través del tono de voz.
- Contestar al teléfono identificando el establecimiento/departamento, con buenos días o buenas tardes y el nombre de quien le atiende en ese momento.

Es muy importante también no tener al cliente esperando mucho tiempo o darle la sensación de inactividad por parte del reservista. Por ello, se procederá de la siguiente forma:

- Indicar al cliente que se va a consultar disponibilidad.
- Si lleva a la espera más de 15 segundos hacerle saber que se sigue en ello, con frases como "un segundo por favor, estoy consultando las fechas".
- Si se le ha tenido esperando más tiempo del prudencial, pedir disculpas por ello.

En el momento de la confirmación de disponibilidad es cuando el cliente suele demandar información relativa al establecimiento: localización del mismo, distancia del centro de la ciudad, existencia de *parking,* piscina, tipo de desayuno, etc. El saber responder o no a estas preguntas supone que este decida confirmar la reserva o buscar otro alojamiento.

Recuerde

Siempre hay que informar del precio de los servicios aun cuando el cliente no lo pregunte.

Toma de los datos en la hoja de reservas

La precisión en trasladar la solicitud del cliente a la hoja es fundamental para no incurrir en futuros errores. En el punto anterior "Documentación básica", se analizaron las particularidades de cada uno de los apartados de esta hoja, aún así conviene resaltar:

- Especificar el número de camas al reservar la habitación, ya sea en doble o en triple.
- Si el cliente deja un número de tarjeta de crédito no hay que olvidar anotar la fecha de caducidad de esta.

Cuando se trate de una reserva telefónica hay que resumir siempre lo acordado antes de finalizar la conversación.

Consejo

Es imprescindible colgar después de que lo haga el cliente.

Anotación de la reserva en los correspondientes documentos

Si la reserva no se anota en el *planning* solo se habrá recogido la solicitud pero no se habrá reservado, además de no tener actualizada la disponibilidad. Por otro lado, habrá que anotarla también en el libro de entradas y salidas.

Ambas anotaciones se indicarán en la hoja de reservas, a fin de evitar posibles duplicados de de estas.

Archivo de la documentación

Como ya se estudió en la unidad anterior, según el estado de la reserva esta se archivará convenientemente, una vez se haya pasado a los documentos anteriores. Junto a la hoja de reservas propiamente dicha se adjuntará toda la documentación que sobre la misma se posea, como puede ser un bono de AAVV, correo electrónico, fax de petición y/o confirmación de la reserva, la rooming list del grupo, etc.

Como ya se vio en la unidad anterior, los reservistas suelen trabajar con gavetas, donde se van almacenando las reservas que tienen algo pendiente: anotarla en *planning,* en el libro de reservas, enviar confirmación al cliente, etc., de manera que hasta que no salen de ahí no pasan al archivo, lo cual también es una forma de saber el trabajo pendiente.

Archivo de documentación

A continuación, se expone un diagrama del recorrido básico de una reserva de alojamiento:

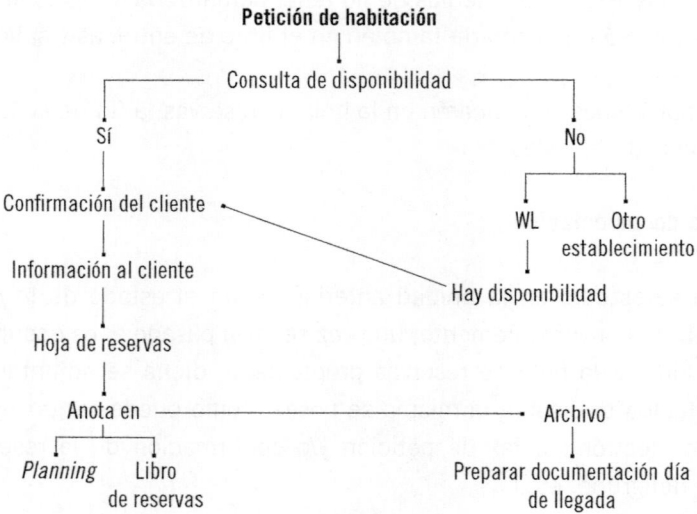

4.3. Confirmación de reservas

Existen casos en los que el cliente solicita algún documento de confirmación de su reserva. Según la fuente de la que provenga se puede proceder de diferente manera, según se trate de clientes particulares, agencias de viajes y empresas.

Clientes particulares

Lo más común es que este tipo de cliente solicite la confirmación vía correo electrónico. En dicho correo se han de incluir los siguientes datos para confirmar la reserva:

- Nombre y apellidos del huésped
- Entrada y salida
- Cantidad y tipo de habitación
- Régimen
- Precio
- Situación de la reserva. Recordar al cliente si se le guarda la habitación hasta una hora determinada, si en caso de no presentarse ni llamar para cancelar se le pasará el cargo al número de tarjeta dado o si se necesita que efectúe algún pago a cuenta.
- Observaciones tomadas

Es importante identificar la persona que envía el *e-mail* y el cargo que ostenta, además del establecimiento.

Otro aspecto importante es el campo *"asunto".* No se debe olvidar rellenar ese apartado de la forma más breve y concisa posible.

Agencias de viaje

Las reservas de AAVV se suelen recibir vía correo electrónico o mediante fax, por lo que se contestan y confirman de la misma forma. Como en el caso anterior, los datos a confirmar son los mismos que los tomados en la hoja de reservas (a excepción lógicamente, del *"Anotado en"*), diseñando y rellenando correctamente la carátula del fax.

Cuando una agencia envía a un cliente con bono es importante que, aunque el cliente entregue el original al llegar al establecimiento, la agencia envíe previamente una copia, que se archivará con la hoja de reservas. De esta forma, el establecimiento se asegura el cobro en caso de *no show*.

Empresas

Normalmente este colectivo solicita la confirmación de su reserva vía correo electrónico. En cuanto a los datos a confirmar cabe decir lo mismo que en los casos anteriores.

 Importante

No se deben utilizar tecnicismos turísticos a la hora de tratar con clientes particulares y de empresa. Por ejemplo, se ha de emplear el término persona y no *pax*.

4.4. Modificación y cancelación de reservas

Tanto si se trata de una modificación como de una anulación, jamás hay que destruir documentos, sino actualizarlos o adjuntarlos a los nuevos que se generen. El motivo es evitar posibles malentendidos en cuanto a un error en la modificación, quién pidió anular la reserva, etc.

Modificación de reservas

Existen establecimientos que disponen de un apartado *"Modificaciones"* en las hojas de reservas, de manera que en el caso de producirse una solo hay que introducir los nuevos datos en ese espacio.

Pero existe otra manera más completa de tratar las modificaciones y es generar un nuevo documento en el que se recoja la modificación. El procedimiento es el siguiente:

- Localizar en el archivo la reserva original.
- Si el cambio es referente a las fechas (modificar el día de entrada o alargar la estancia), primero habrá que consultar disponibilidad y, en caso de que la tarifa cambiase, reconfirmarla con el cliente.

- Se generará un nuevo documento (puede ser una nueva hoja de reservas) donde se refleje la modificación, quién la efectuó y la fecha. También incluirá el nombre del reservista.
- Se anexa a la antigua hoja de reservas, que se renombrará con *"modificada"*.
- Se archiva convenientemente.

La manera más eficaz de tratar estos cambios es aquella que el establecimiento estime oportuna, pero nunca habrá que olvidar el actualizar la reserva en el *planning* y libro de reservas.

Anulación de reservas

Una vez localizada la reserva en el archivo, se renombra con el término "anulada", indicando en la misma reserva quién la anuló, la fecha en que se produjo y el nombre del reservista. Posteriormente, se volverá a archivar, pero esta vez en la carpeta de reservas anuladas.

No se debe olvidar borrar la reserva del *planning* nominal/numérico, o marcar la cancelación en el forecast (según sea el que se use) y marcarla como anulada en el libro de reservas (pero no borrarla).

Recuerde

Ante la duda, no debe destruir un documento. Es mejor pecar en exceso en el archivo de documentación, que intentar recuperar algo que ya no existe.

4.5. Trabajo diario de reservas

La toma efectiva de una reserva termina con el archivo de la misma, pero el subdepartamento sigue teniendo otras tareas que se derivan o surgen de la toma de esta solicitud. Así, el trabajo de un día en el subdepartamento de Reservas conlleva:

- Revisar que no quede ningún documento de reserva para el día en curso sin haber sido entregado a Mostrador.
- Revisar que los datos de las hojas de reservas coinciden con lo recogido en el *planning* y en el libro de entradas y salidas, con el objeto de asegurar que todas las reservas han sido anotadas correctamente y no existen posibles duplicidades.
- Terminar trabajo pendiente que quede en las gavetas, como confirmaciones de reservas que aún no se hallan enviado, actualizar reservas modificadas, meter reservas en el *planning,* etc.
- Llevar control constante de la situación de ocupación del establecimiento.
- Atender las solicitudes de reservas que vayan entrando.
- Guardar documentación pendiente por archivar.
- Preparar la documentación de las reservas que entran el siguiente día para entregar a Mostrador y que puede ser: hoja de reservas, fax, bono, hoja de modificaciones, justificante de anticipo realizado, etc. Todo lo que se tenga referente a una reserva, junto con la lista de llegada de habitaciones de ese día (este último documento se estudia en el Capítulo 4: *Emisión de Informes*).

5. Resumen

A lo largo de la unidad se han trabajado aspectos clave, como las fuentes de reservas y tipos de tarifas, para que Reservas pueda proceder correctamente a la tramitación de las solicitudes, analizando también los procedimientos para la toma efectiva de las reservas y los documentos empleados al efecto.

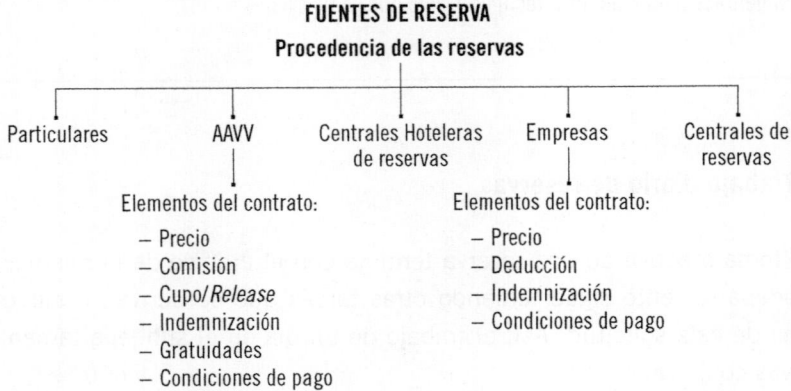

FUENTES DE RESERVA
Procedencia de las reservas

| Particulares | AAVV | Centrales Hoteleras de reservas | Empresas | Centrales de reservas |

Elementos del contrato:
- Precio
- Comisión
- Cupo/*Release*
- Indemnización
- Gratuidades
- Condiciones de pago

Elementos del contrato:
- Precio
- Deducción
- Indemnización
- Condiciones de pago

Los tipos de tarifas analizados son:

- *Rack rate* o tarifa oficial de turismo.
- Tarifa oficial del hotel.
- Tarifa para AAVV: individual y de grupo.
- Tarifa *corporate/corporative*/empresa.
- Tarifa preferencial.
- Tarifa OFS.
- Tarifa promocional.
- Tarifa por horas.

La documentación básica que se puede encontrar al realizar estas tareas es:

- Hoja de reservas: recoge las solicitudes de los clientes.
- *Cárdex.*
- *Planning:* permite llevar un control de la disponibilidad futura del establecimiento. Los tres tipos son: nominal, numérico y *forecast.*
- Libro de reservas: o de entradas y salidas, recoge el movimiento diario en el establecimiento y permite hacer previsiones de servicios.

Durante el proceso manual de toma de reservas se siguen estos pasos:

1. Consulta de disponibilidad
2. Toma de datos
3. Anotación en *planning* y libro de reservas
4. Archivo

Cuando se trata de modificar solicitudes, se anexa la nueva hoja de reservas junto a la anterior, pero nunca se destruye, como tampoco se elimina una hoja en el caso de anular la reserva, sino que se marca como tal y se vuelve a archivar.

6. Anexo

6.1. Modelo de contrato establecimiento/agencia

MODELO DE CONTRATO ESTABLECIMIENTO/AGENCIA

ACUERDO COMERCIAL HOTEL _____ Y AGENCIA _____

(Lugar de celebración del contrato y fecha)

REUNIDOS
De una parte D _____, con DNI _____, como
_____, del establecimiento _____, con domicilio en
_____. Y de la otra D _____, con DNI _____,
como _____ de la agencia _____ con domicilio
en_____.

ACUERDAN
1. La contratación de un cupo de _____ habitaciones _____, para el período
comprendido entre el _____ y _____, con un *release* de _____ días.

2.La aplicación de las siguientes tarifas:
(e specificar precios por servicios y fechas de aplicación)
Precios para reservas de hasta _____ *pax*.
IVA no incluido.
Se acuerda una comisión de _____ sobre los servicios de _____.

3. Un volumen de facturación anual no inferior a_____.

4. El pago se efectuará mediante _____, dentro de los _____ días naturales
posteriores a la fecha de factura.

5. Una indemnización de_____ por incumplimiento de contrato por cualquiera de las
partes.

6. Factura a _____.

7. Cualquiera de las partes podrá resolver el presente acuerdo avisando con una
antelación mínima de _____días.

8. El período de vigencia del presente contrato es del _____ al _____.

Firmado: Firmado:

6.2. Modelo hoja de reservas individual

MODELO HOJA DE RESERVAS INDIVIDUAL

(1) Localizador _____

(2) Entrada: _____   (3) Salida: _____

(4) Apellidos y nombre: _____

(5) Reservado por: _____

(6) Agencia/Empresa: _____

(7) Teléfono de contacto: _____

(8) Tipo habitación	(9) Régimen				(10) Precio
	SA	AD	MP	PC	
IND					
TWIN					
DOBLE					
DUI					
SUITE					

(11)   Observaciones: _____
_____

(12) Estado reserva: _____   Anotado (13) *planning* ☐
(14) libro reservas ☐

(15 Fecha de reserva: _____
(16) Firma: _____

6.3. Modelo hoja de reservas de grupo

MODELO HOJA DE RESERVAS DE GRUPO

(1) Localizador _____

(2) Entrada: _____ (3) Salida: _____ (19) Hora llegada: _____

(4) Nombre del grupo: _____

(5) Reservado por: _____

(6) Agencia: _____ (7) Teléfono de contacto: _____

(8) Tipo habitación	(9) Régimen				(10) Precio base por *pax*
	SA	AD	MP	PC	
IND					Supl.:
DOBLE					
TRIPLE					Des. 3.º *pax:*

N.º gratuidades: _____

(17) Servicio entrada: _____ (18) Servicio salida: _____

(11) Observaciones: _____

Anotado (13) *planning* ☐   (14) Anotado libro reservas ☐

	Petición	Fecha límite	Recepción
(20) Depósito			
(21) *Rooming list*			

(15) Fecha de reserva: _____ (16) Firma: _____

6.4. *Planning* nominal

PLANNING NOMINAL

MES:

NUMERO	TIPO	1	2	3	4	5	6	7	8	9	10	11	12	13	14	15	16	17	18	19	20	21	22	23	24	25	26	27	28	29	30
101	I																														
102	I																														
103	D																														
104	D																														
105	D																														
106	D																														
107	D																														
108	D																														
109	D																														
110	S																														
201	I																														
202	I																														
203	D																														
204	D																														
205	D																														
206	D																														
207	D																														
208	D																														
209	D																														
210	S																														

6.5. *Planning* numérico

PLANNING NUMÉRICO

Fecha:

TWIN					DOBLE				
25	24	23	22	21	25	24	23	22	21
20	19	18	17	16	20	19	18	17	16
15	14	13	12	11	15	14	13	12	11
10	9	8	7	6	10	9	8	7	6
5	4	3	2	1	5	4	3	2	1
-1	-2	-3	-4		-1	-2			
INDIVIDUAL					*SUITE*				
16	15	14	13	12	6	5	4	3	2
11	10	9	8	7	1				
6	5	4	3	2	**JUNIOR** *SUITE*				
1	-1	-2			5	4	3	2	1

Las casillas en negativo indican el número de habitaciones de más que se han reservado, es decir, plasman numéricamente los casos de *overbooking*.

6.6. *Planning forecast*

Se ha representado solo una semana del mes entero.

PLANNING FORECAST							
							Mes:
Días	Tipo	Habitaciones	Cancelación hab.	In	Cancelación entradas	Out	Cancelación salidas
1	DOBLE						
	TWIN						
	SUITE						
2	DOBLE						
	TWIN						
	SUITE						
3	DOBLE						
	TWIN						
	SUITE						
4	DOBLE						
	TWIN						
	SUITE						
5	DOBLE						
	TWIN						
	SUITE						
6	DOBLE						
	TWIN						
	SUITE						
7	DOBLE						
	TWIN						
	SUITE						

6.7. Libro de reservas

LIBRO DE RESERVAS

(Página izquierda) **ENTRADAS**

Fecha:

Apellidos y nombre	Cantidad habitaciones y tipo	Régimen	Fecha salida	Cliente	Estado	Observaciones

(Página derecha) **SALIDAS**

Fecha:

Apellidos y nombre	Cantidad habitaciones y tipo	Régimen	Fecha entrada	Cliente	Estado	Observaciones

Ejercicios de repaso y autoevaluación

1. Una AAVV tiene un cupo de 15 habitaciones con un hotel con un *release* de 3 días. Si hoy día 1 la agencia reserva 4 habitaciones para la noche de mañana, ¿cuántas habitaciones le quedará del cupo concedido? ¿Y si reserva 2 para la noche del día 5?

_____
_____
_____
_____

2. ¿Por cuántos *pax* deberá estar formado un grupo para tener derecho a una gratuidad si ésta se concede por cada 25 *pax* de pago?

_____
_____

3. ¿Puede un cliente particular tener un cupo con un establecimiento?

_____
_____

4. ¿Puede una reserva individual proceder de un cupo otorgado por un hotel?

_____
_____

5. ¿Puede una empresa recibir comisión de un establecimiento si envía a muchos trabajadores al mismo?

_____
_____
_____
_____

6. Se puede obtener información sobre el movimiento diario de un hotel en:

I *Planning* nominal.
I *Planning* numérico.
I *Planning forecast.*
I Libro de reservas.

7. ¿Qué tarifa aplicaría a un cliente particular que acude a su establecimiento en temporada alta?

8. ¿Qué diferencia existe entre una habitación *twin* y una *double?*

9. ¿Qué *planning* ofrece información sobre las cancelaciones de reserva?

10. ¿Por qué el Libro de reservas permite hacer previsiones de servicios?

11. Describa el proceso de modificación de una reserva.

Capítulo 3

Utilización de programas informáticos específicos de reservas

Contenido

1. Introducción

Hoy día es raro el establecimiento de alojamiento que no trabaja con un programa informático, debido a las ventajas y comodidades que ello reporta. Quizás establecimientos pequeños que no soportan un trabajo diario excesivo o que económicamente no pueden permitírselo (debido a la inversión que suponen estos programas), sigan empleando el tradicional sistema manual. Así, la decisión de la Dirección de usar aplicaciones informáticas estará condicionada por aspectos económicos, volumen de trabajo, predisposición de los empleados y la posibilidad de explotar realmente las ventajas que supone, entre otros.

En este capítulo se analiza el trabajo informatizado de Reservas, si bien es cierto que no se puede estudiar ningún programa en concreto, pues las posibilidades son muchas y cada establecimiento puede utilizar uno distinto. A pesar de ello, sí se pueden establecer unas pautas generales en cuanto a qué es y cómo se trabaja con un programa informático.

2. El uso de un programa informático

Una primera aproximación al estudio del uso de una aplicación informática en el subdepartamento de Reservas, parte de dar una definición al concepto, describir las ventajas que supone (y que en gran medida justifican el uso del mismo) y establecer una comparación con el trabajo de forma manual estudiado en el capítulo anterior.

2.1. Concepto

Se puede definir **aplicación informática** *de reservas*, como el uso de una herramienta (en este caso un programa), utilizado en su soporte informático (un ordenador), que permite al usuario (los reservistas), realizar diversas tareas propias de su trabajo.

El origen de estas aplicaciones está, como es lógico, en el sistema de trabajo manual, ya que supone la base del qué hay que hacer y cómo hacerlo. A partir de ahí, solo hay que diseñar la aplicación y una simple tecla llevará a una función concreta. De hecho, muchos *planning* informáticos son fieles reflejos de los *planning* nominales manuales.

Actualmente, en el mercado existen muchos programas de gestión hotelera donde Reservas cuenta con su propia aplicación. ¿Qué hace entonces un establecimiento que decide adoptar uno como sistema de trabajo? Existen dos posibilidades:

1. **Encargar el diseño de la aplicación a una empresa de programación.**
   En este caso, el coste de esta opción es bastante elevado, pero conlleva el que el programa se ajuste exactamente a las necesidades y preferencias del establecimiento.

   En este caso, las cadenas hoteleras tienen su propio sistema informático, es decir, que solo se emplea en sus establecimientos. Esto conlleva tanto una ventaja como un inconveniente. En primer lugar, supone que el conocimiento del mismo solo le sirve al reservista para trabajar en hoteles de la cadena, pero por otro lado facilita la movilidad geográfica, al saberlo manejar y conocer la forma de trabajo de dicha cadena.

   Pero no solo las cadenas encargan los diseños de sus programas "a medida", establecimientos con capacidad económica importante también prefieren disponer de un sistema adaptado a ellos.

 Ejemplo

Imagínese un establecimiento de ciudad destinado al mercado de reuniones y un balneario.

Los dos son formas de alojamiento, pero puesto que su público objetivo es totalmente diferente, también lo son sus servicios y su organización y, por tanto, sus necesidades.

El hotel de ciudad precisará una aplicación informática que, por ejemplo, le facilite relacionar reservas de habitaciones con reservas de salones. Y el balneario, que le permita reservar tratamientos de salud.

2. **Comprar un programa informático ya diseñado.** Es la opción más barata de las dos y permite trabajar perfectamente a establecimientos que no precisen de aplicaciones concretas, pues las posibilidades de funciones que ofrecen estos programas son muy completas.

2.2. Ventajas

En cuanto a las razones para emplear un sistema informático de reservas en vez de desarrollar el trabajo de forma manual, se podrían justificar con las siguientes ventajas que estos reportan al subdepartamento y al establecimiento de forma general:

- **Reduce la cantidad de documentación.** Esto no quiere decir que al trabajar con un programa informático no se precise de documentos impresos, pero estos se reducen mucho al tener la información disponible en pantalla, que se puede consultar tantas veces como se quiera y mediante criterios distintos.
- **Al introducir una reserva en el sistema, automáticamente se actualiza la ocupación, entradas por día, salidas, etc.** Esto supone que la cantidad de trabajo del reservista se reduzca.
- **Permite una mayor claridad en la consulta de los datos.** La visualización en pantalla de la información y el hecho de que ésta siempre esté actualizada, permite una consulta más precisa de los datos deseados, además se evitan los tachones y borrones de los *planning* manuales.
- **Reduce las posibilidades de cometer errores.** Como consecuencia de esta actualización permanente de datos y la claridad en su consulta, además de que si el programa absorbe parte del trabajo, el reservista se concentrará más y mejor en la realización de otras tareas.
- **Permite realizar el trabajo con mayor rapidez.**
- **Reduce la necesidad de personal.** Como consecuencia de todo lo anterior la necesidad de trabajadores en el subdepartamento es menor, pues el programa realiza por sí solo gran cantidad del trabajo que de forma manual tendrían que hacer los reservistas.

La informatización de las tareas aporta grandes ventajas al trabajo del reservista.

2.3. Comparación con el trabajo manual

Antes de establecer la comparación el trabajo manual de Reservas con el trabajo informatizado, conviene recordar un documento que se nombró en la unidad anterior, pues empezó siendo un impreso físico, pero que con los años ha ido desapareciendo, y que actualmente se puede encontrar en los programas informáticos como una función más. Es el *cárdex*.

El **cárdex,** también llamado ficha de cliente, recoge toda la información que el establecimiento dispone de sus huéspedes. El objeto de tener esta función dentro del sistema es la de prestar un servicio de mayor calidad, al disponer de datos que permiten conocer mejor a todos sus clientes. Existen dos tipos de *cárdex,* según se trate de una persona física o persona jurídica.

Cárdex de cliente

Se abre ficha de cliente cuando el sujeto es una persona física y se rellena para todos aquellos que pernoctan en el establecimiento. Los datos que aparecen son los siguientes.

Datos de identificación

Nombre y apellidos, DNI o NIF, dirección completa, teléfonos, nacionalidad, etc. El hecho de disponer de estos datos permitirá no tener que pedir la documentación al cliente cada vez que vaya a registrarse en el establecimiento.

Datos profesionales

En el caso de que sea un cliente de empresa. Aparecerá el sector al que pertenece (empresa para la que trabaja, cargo que ocupa), límite de crédito concedido, etc. Estos datos sirven para saber las condiciones a aplicar a la reserva con su empresa.

Histórico

Refleja los datos derivados de las estancias del cliente en el establecimiento: fechas en las que ha estado alojado, habitación ocupada, tarifa aplicada, consumo realizado, forma de pago, etc.

Observaciones

Recoge otros datos de interés como atenciones especiales, peticiones hechas, preferencias del cliente, etc., con esto se logra dar un servicio más personalizado, pues se conocen de antemano los gustos del huésped.

Pero en este apartado también se recoge otro tipo de información relevante para el establecimiento: si es un cliente moroso o acostumbra a ser un *no show*. El disponer de estos datos permite al establecimiento tomar las decisiones oportunas al efectuar la reserva, como pedirle siempre una garantía sobre la misma.

Rango de socio

Muchos establecimientos, sobre todo cadenas hoteleras, con el objeto de fidelizar a sus clientes les ofrecen la posibilidad de que se conviertan en socios, lo cual supone al cliente una serie de ventajas, como por ejemplo:

- Salida después de las 12.00 horas sin recargo.
- Detalles en la habitación.
- Uso gratuito de determinados servicios.

▌Pernoctaciones gratuitas por cada cierto número de estancias.

▌Etc.

 **Definición**

Fidelizar

Conseguir, de diferentes modos, que los empleados y clientes de una empresa permanezcan fieles a ella. Es decir, continúen utilizando sus servicios.

Real Academia Española

Algunos establecimientos exigen una cuota anual, que va desde los 6 € hasta los 90 €, pero en otros casos la condición de socio de consigue de forma gratuita. Al establecimiento le supone el asegurarse un cliente y a éste unos privilegios que de otra forma, o de alojarse en otro lugar, no conseguiría.

Cárdex de empresa

Se abre ficha de empresa cuando el sujeto es persona jurídica. Los datos que aparecen son los siguientes.

Datos de identificación

Nombre de la empresa, NIF, dirección para la facturación, teléfono, correo electrónico, fax, persona de contacto, etc.

Importante

Cabe diferenciar entre los datos de identificación y los datos de facturación. Los primeros hacen referencia a los datos públicos y comerciales de la empresa, como puede ser su nombre comercial, la dirección del establecimiento,... etc. Son los datos con los que identificamos la empresa.; por ejemplo Hotel La Llave Dorada.

Los datos de facturación, son los datos fiscales de la empresa, que corresponden a los datos que se han facilitado para dar de alta la empresa en la Agencia Tributaria y obtener el NIF de la misma; los cuales deben de emplearse para la realización de la facturación de la empresa.

Por ejemplo: El Hotel "La llave dorada" con dirección en C/ El Parque, 14 de Álava tiene unos datos fiscales de Hermanos Perez Gonzalez S. L. y una dirección fiscal en la Calle Germán Gutierrez, 14 de San Sebastian.

Datos comerciales

Recoge los acuerdos comerciales entre el establecimiento y la empresa, para que cada vez que un cliente se identifique como trabajador de la empresa, se le puedan aplicar las condiciones.

Consejo

Cuando vaya a abrir un *cárdex* a una AAVV es aconsejable hacerlo indicando en primer lugar el nombre (DonViajero Viajes en vez de Viajes DonViajero), pues de otra forma puede ser más difícil acceder a él, al existir muchas AAVV que comienza su nombre con Viajes...

Observaciones

Puesto que Mostrador es el encargado de recibir a los clientes a su llegada al establecimiento y tomarle los datos de su DNI, será este quien le abra el *cárdex*. Pero gracias a la aplicación informática todos los ordenadores del establecimiento pueden estar conectados entre sí, de manera que Reservas puede acceder sin problemas a dicha información a la hora de reservar los servicios.

 Ejemplo

Un establecimiento recibe como cliente a Cristina López, trabajadora de la empresa textil "Mistejidos". Dicho establecimiento abrirá dos *cárdex* distintos: uno a Cristina López y otro a la empresa "MisTejidos".

De esta forma, cada vez que Cristina acuda al establecimiento, ya sea a través de su empresa o como particular, el establecimiento accederá a sus datos. Y cada vez que "Mistejidos" mande trabajadores al establecimiento, accederá a los datos de la empresa.

 Aplicación práctica

Una empresa de cosméticos llama a su hotel para reservar 3 habitaciones todos los lunes del mes para 3 de sus empleados, ¿cuántos y qué tipo de *cárdex* tendrá usted que consultar para hacer la reserva?

SOLUCIÓN

Si la empresa reserva a su nombre, de momento solo habrá 1 *cárdex:* el de empresa.

Pero si da el nombre de los huéspedes serán 4 *cárdex:* 3 de cliente y uno de empresa.

La causa de que el cárdex desapareciera como documento físico es que la gran cantidad de información que se podía llegar a almacenar sobre un cliente hacía imposible poder guardarla en el mismo, además de que si se abría un *cárdex* por cada cliente y empresa que acudía al establecimiento, suponía el custodiar una cantidad ingente de papel.

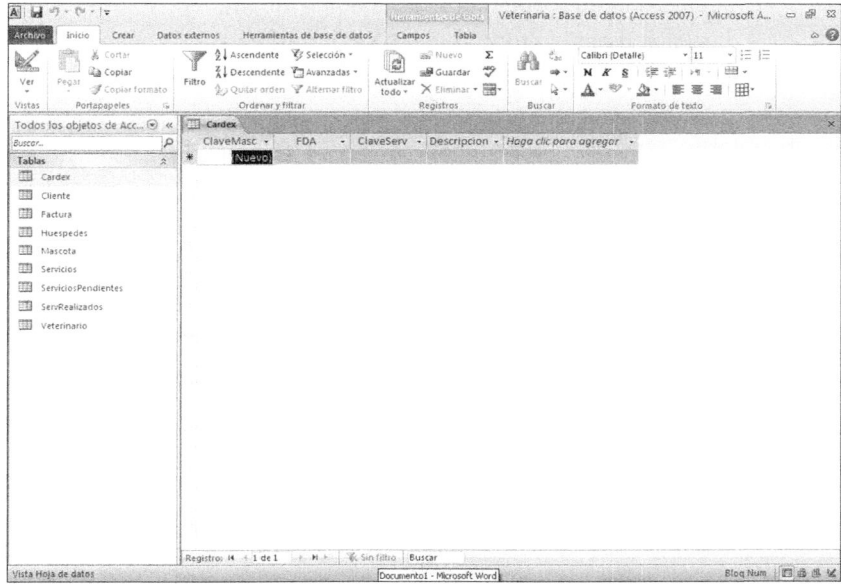

Vista la utilidad del cárdex, se incorporó como una función más en la aplicación informática.

Al analizar las ventajas de la aplicación informática se han puesto de manifiesto las principales diferencias entre ambos sistemas de trabajo, pero otro aspecto diferenciador entre ellos es que la aplicación informática permite disponer de más criterios de consulta (estos se ven en el siguiente punto), además de que la información en pantalla, que equivaldría a la consulta de un documento impreso, es mucho más variada y completa, por cuestiones de facilidad de actualización de datos y espacio.

En cuanto a las similitudes que comparten a la hora de trabajar destacan:

▎ **Hoja de reservas impresa.** Este documento se sigue empleando para recoger las solicitudes de los clientes, pues lo que varía es el medio en el que luego se introducen.

▎ **Archivo documentación.** Al seguir trabajando con documentos impresos y puesto que con la aplicación se pueden -y suelen- sacar diferentes listados, todo se debe seguir archivando convenientemente.

▎ **Documentación a Mostrador.** Se debe seguir facilitando el día antes a la llegada de la reserva.

▎ **Rigurosidad y profesionalidad en el trabajo.** El hecho de que un programa permita trabajar más rápido y reduzca las probabilidades de error, no exime de la meticulosidad y profesionalidad a la hora de realizar el trabajo, pues el objetivo final es el mismo: alcanzar el máximo posible de ocupación.

Visto todo lo anterior, la comparación entre las dos formas de trabajar se recoge en el siguiente cuadro:

	TRABAJO MANUAL	APLICACIÓN INFORMÁTICA
≠	- Más barato - Más lento - Más personal - Mayor posibilidad de cometer errores - Información contenida en muchos documentos	- Más caro - Más rápido - Menos tareas, menos personal - Trabajo más exacto y preciso - Información almacenada en PC y visualizada en pantalla - *Cárdex* - Más datos y más completos por cada información de consulta
=	Hoja de reservas Preparación documentación a Mostrador Archivo documentación Profesionalidad	

3. El proceso informatizado de reservas

Una vez hecha una primera aproximación al uso de una aplicación informática, se estudia el proceso de toma, confirmación y anulación de una reserva con este medio, para lo que no se debe de olvidar lo estudiado con el sistema de trabajo manual.

 Recuerde

Toda aplicación informática tiene su base de desarrollo en el trabajo manual.

3.1. Toma de reservas

Las tareas a realizar en la toma de reservas son la consulta de disponibilidad, toma de datos y consulta de *cárdex,* pasar a la reserva del programa y archivo de la documentación.

Consulta de disponibilidad

El primer paso para coger una reserva es la consulta de disponibilidad para las fechas solicitadas y el tipo de habitación. No se va a volver a repetir la teoría expuesta en el capítulo anterior respecto a las posibilidades de disponibilidad, sino cómo se consulta esta en la aplicación.

A través del planning

La información que ofrece el *planning* informático respecto a la disponibilidad para una determinada fecha y por tipo de habitación definida es:

- Libres
- Ocupadas

▮ Bloqueadas

▮ Preasignadas

A través del booking

Es una variable del *planning* de reservas y permite consultar la disponibilidad según el criterio deseado:

▮ Por tipo de habitación

▮ Por habitación libre

▮ Por habitación ocupada

▮ Por habitación bloqueada

▮ Por fecha

▮ Por cupos

Toda esta situación de previsión del establecimiento se puede consultar por días, semanas e incluso años.

Otra forma de saber disponibilidad sin consultarla directamente es introduciendo la reserva en el sistema:

▮ Si este reconoce que hay habitaciones disponibles permite tomar la reserva.

▮ Si no, el propio sistema avisa de que no es posible aceptar la solicitud indicando el motivo.

▮ En aquellos casos en los que así esté programado, incluso avisa y permite reservar más habitaciones de las disponibles.

 Importante

Ante una petición de disponibilidad a través de un medio escrito (fax, correo electrónico, petición vía web, etc.), a no ser que el cliente indique otra cosa, se le contestará por el mismo medio.

Toma de datos y consulta de *cárdex*

El segundo paso es la toma de datos en la hoja de reservas (documento impreso). Es aquí cuando se consulta si hay *cárdex,* para saber si el cliente ya se hospedó con anterioridad y poder así atenderle mejor, además de saber si existe acuerdo comercial y poder acceder a las condiciones. La búsqueda del cárdex se puede realizar:

1. Por tipo de ficha:
   Cliente/empresa. Entonces aparecerán todos los *cárdex* de clientes y/o de empresa guardados en el programa.
2. Por nombre:
   Introduciendo la reserva en el sistema, pues si existe *cárdex* aparecerá un icono indicándolo.

Pasar la reserva al programa

En tercer lugar hay que introducir la reserva en la aplicación, esto supone rellenar la hoja de reservas informatizada, que contiene, como mínimo, los mismos apartados que la hoja física. Este proceso equivale a la anotación en el *planning* y libro de reservas del proceso manual.

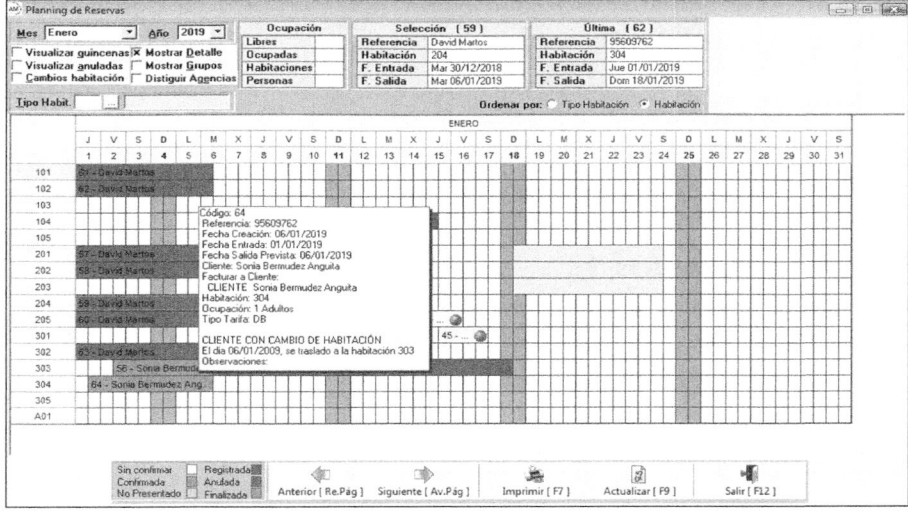

En el caso del sistema informático se carece de libro de reservas tal cual, si bien, existen otras funciones que facilitan la misma información.

En cuanto al *planning,* al introducir los datos de la reserva impresa en el programa, automáticamente toda la información se vuelca y actualiza el *planning,* siempre y cuando se haya asignado un número de habitación a la reserva (preasignación) por lo que ya no hay necesidad de hacer ninguna anotación más. En el caso de no preasignar, la reserva no se visualizará en el *planning,* pero sí en el *booking* de reservas, pues actualiza automáticamente la disponibilidad del establecimiento.

 Sabía que...

Una vez introducida la reserva en el programa este permite múltiples acciones, como guardar un mensaje para ese cliente que aún no ha llegado.

Es muy importante no dejar reservas pendientes de meter en el programa, pues sino la disponibilidad no estará actualizada y la respuesta a otras solicitudes podría traer problemas para la correcta gestión de la ocupación del establecimiento.

Archivo de la documentación

Si bien es cierto que la cantidad de material impreso que se genera y utiliza es menor con este sistema de trabajo, se sigue manejando documentación física que debe ser archivada convenientemente. Dentro de esta se encuentra:

- La hoja de reservas física
- Bonos de agencias de viajes
- Faxes
- *Rooming list* de grupos
- Correos electrónicos
- Etc.

 **Nota**

Hoy en día, existen multitud de programas informáticos de reservas, de hecho, suelen ser diferentes en cada cadena hotelera.

3.2. Confirmación, modificación y anulación de reservas

En este apartado se estudia cada una de estas funciones del reservista, por su importancia y relación entre ellas.

Confirmación de reservas

La confirmación de una reserva con un programa informático se realiza de la misma manera que en el sistema manual (en cuanto a los datos a confirmar, la forma de hacerlo y las particularidades a tener en cuenta), con la salvedad de que en este caso se empleará el localizador.

 Definición

Localizador
Es el número de reserva hecha por el programa y se genera automáticamente al introducir la solicitud en el sistema. Toda reserva confirmada debe tener un localizador.

Recuerde

Según el tipo de colectivo: empresas, agencias de viajes o particulares, la vía de confirmación de reservas suele ser diferente.

Además de comunicar por escrito todos los datos de la reserva al futuro cliente, dar también el localizador es la mejor manera de confirmar dicha reserva, pues es un simple número que permite acceder a toda la información almacenada respecto a esa solicitud. Es como si fuera "el nombre de la reserva" y la mejor manera de encontrarla en caso de no tener más datos.

Ejemplo

Imagine un cliente que realizó una reserva a nombre de Ruth Arroyo y llama al establecimiento para anularla. El reservista grabó la reserva como Arroyo, Ruth, por el programa no la encuentra al estar escrita de forma diferente (un error tonto, pero bastante común). Busca pues la reserva por Arroyo y aparecen unos 30 clientes apellidados así con reserva en el establecimiento. Entonces el cliente da la fecha de llegada y al reservista le aparecen más de 50 entradas para esa fecha.

Está claro que el reservista encontraría la reserva, pero tras una larga espera por parte del cliente y una imagen poco profesional de establecimiento. En cambio, si el cliente sabe el localizador, con solo introducirlo en el programa aparecería esa reserva visualizada en pantalla.

Modificación de reservas

El primer paso para modificar una reserva es acceder a ella. Según lo explicado en el punto anterior, la manera más eficaz de encontrarla es a través del localizador, pero existen también otros criterios de búsqueda que se exponen a continuación, indicando las particularidades de cada uno:

- **Por el nombre del huésped.** En el caso de coincidencias, aparecerán todos los clientes llamados de esa forma.
- **Por el nombre de quien realizó la reserva.** Puede ocurrir como el en caso anterior.
- **Por el tipo de reserva: individual o de grupo.** El programa sacará un listado de todas las reservas individuales y de grupo hechas, con independencia de la fecha.
- **Por fecha de llegada.** Si el establecimiento es muy grande, pueden aparecer tantas reservas como habitaciones tenga.
- **Por el estado de la reserva.** OK, RQ, WL o solo confirmada. Esto supone que también pueda aparecer un listado de reservas bastante largo.

Una vez localizada, en la pantalla del ordenador aparecerá la hoja de reservas informatizada y sobre ella se introducirá la modificación y quién la efectuó. La fecha en que se produce la modificación no es necesario incluirla, pues el sistema la graba automáticamente como fecha en que se produce la operación.

Anulación de reservas

Como en el caso anterior, en primer lugar se localiza la reserva. Una vez se tenga visualizada en pantalla, se introducen los datos de quién anuló la reserva. En este caso, también es la aplicación el que graba la fecha de anulación.

Es importante indicar que, según esté programada la aplicación, al buscar una reserva no se puede actuar sobre ella, pues el programa solo permite la consulta, por lo que habrá que seleccionar las funciones de "modificación" o "anulación", según proceda, para poder realizar la operación. Otra forma es buscar la reserva directamente a través de la función "modificar reservas" o "anular reservas".

Una de las muchas funciones de la aplicación informática es emitir listados de "operaciones hechas con reservas", donde aparecen recogidas todas las modificaciones y anulaciones efectuadas en un solo documento, y que puede estar referido al período de tiempo que se desee: un día, una semana, un mes, etc.

Recuerde

Todas las aplicaciones informáticas existentes no son iguales, por lo que las funciones disponibles en las mismas pueden variar de una a otra.

Aplicación práctica

Juan tiene que localizar la siguiente reserva en un programa informático, ¿qué criterios de búsqueda cree que ha empleado Juan?

I **Nombre del cliente: Fuentes Gil, Antonio**
I **Localizador: 012**
I **Entrada: 01/09/2025**
I **Salida: 03/09/2025**
I **Reservado por: Viajes DonViajero.**
I **Tipos habitación: 1 DUI.**

SOLUCIÓN

Los posibles criterios de búsqueda son:

I Por nombre del cliente: Fuentes Gil.
I Por localizador: 012.
I Por fecha de entrada: 01/09/2025.
I Por reservador: DonViajero Viajes.

Los criterios expuestos son los estudiados en la presente unidad, pero según el diseño de la aplicación también podría buscarse por tipo de habitación o por fecha de salida.

3.3. Fallos en el programa informático

Se ha hablado de las ventajas que representa el trabajar con una aplicación informática y de los avances que supone respecto del trabajo manual, pero lo que está claro es que nada es perfecto y aunque no suela ocurrir con mucha frecuencia, puede darse el caso de que por un período breve de tiempo (la resolución de los problemas siempre se efectúa de forma muy rápida) la aplicación informática no esté disponible.

¿Qué hacer si se cuelga el programa?

El principal problema al fallar el sistema es el de no poder consultar la disponibilidad y, por tanto, no poder responder a las solicitudes de reserva que entran vía telefónica. En este caso, el reservista puede proceder del siguiente modo:

1. Tomar los datos de la reserva y dejarla en estado WL hasta poder confirmar disponibilidad.
2. Pedir al cliente su número de teléfono y devolverle la llamada tan pronto como se solucione el problema.
3. Tomar los datos de la reserva y confirmarla si conoce la situación del establecimiento.

Esto suele ocurrir en los casos en los que la fecha de entrada solicitada no es muy lejana en el tiempo, pues el reservista está al día en cuanto a la ocupación más cercana. Además, a través de los distintos listados de entradas, reservas, ocupación, etc. que Reservas suele sacar con frecuencia, se puede hacer un cálculo aproximado de la situación de disponibilidad.

4. Resumen

Este capítulo ha servido para dar una visión general de las aplicaciones informatizadas de reservas, para que a la hora de empezar a usar un programa informático se tenga una idea aproximada sobre el método de trabajo: principales usos y funciones.

Al comparar el trabajo informatizado de reservas con el trabajo manual se concluye:

- Emplea menos documentación, aunque se sigue usando la hoja de reservas.
- Permite la actualización automática y constante de información.
- Ofrece una mayor claridad en la consulta de datos.
- Reduce las posibilidades de cometer errores.
- Permite ahorrar tiempo a la hora de realizar el trabajo.
- Supone la necesidad de menos personal en el subdepartamento.
- Se sigue teniendo que preparar y entregar la documentación de la reserva a Mostrador.
- Continúan existiendo tareas de archivo.
- Desaparece el *cárdex* del trabajo manual y la aplicación lo adopta como una función más.
- Es más caro.

Para hacer la toma de reservas:

1. Consulta de disponibilidad en:

   - *Planning*
   - *Booking*
   - Al introducir reserva en sistema

2. Toma de datos y consulta del *cárdex.*
3. Pasar reserva al programa (hoja de reservas informatizada).
4. Archivo

El criterio más eficaz para la confirmación y búsqueda de una reserva es el localizador.

El sistema no elimina datos de su memoria, sino que los actualiza guardándolos como modificados o anulados.

Ejercicios de repaso y autoevaluación

De las siguientes frases, indique cuál es verdadera o falsa. En el caso de las falsas, justifique su respuesta.

1. Una ventaja del uso de una aplicación informática en Reservas es la actualización automática de datos al introducir información.

    ☐ Verdadero
    ☐ Falso

2. El uso de una aplicación informática exime de necesitar documentación escrita.

    ☐ Verdadero
    ☐ Falso

3. Existen dos tipos de *cárdex:* de cliente y de socio.

    ☐ Verdadero
    ☐ Falso

4. La anulación de una reserva en un programa informático elimina dicha reserva del PC.

    ☐ Verdadero
    ☐ Falso

5. Los criterios de búsqueda de una reserva informatizada son mucho más variados que en el trabajo manual.

    ☐ Verdadero
    ☐ Falso

6. Una aplicación informática informa de la situación de los cupos de las AAVV.

☐ Verdadero
☐ Falso

7. El *booking* de reservas es la función que muestra todas las reservas hechas con la aplicación.

☐ Verdadero
☐ Falso

8. Al rellenar la hoja de reservas informatizada es obligatorio preasignar la habitación.

☐ Verdadero
☐ Falso

9. Todas las aplicaciones informáticas permiten realizar las mismas funciones.

☐ Verdadero
☐ Falso

10. Un criterio de consulta de disponibilidad informatizada es por habitación ocupada.

☐ Verdadero
☐ Falso

Capítulo 4

Emisión de informes o listados. La *rooming list*

Contenido

1. Introducción

Como ya se vio en el Capítulo 1, una de las funciones del subdepartamento de Reservas es la relación con otros departamentos del establecimiento, función que se traduce en el intercambio de información mediante el envío de informes. Estos informes permiten al resto de departamentos y subdepartamentos poder llevar a cabo también sus funciones, pues parte de la información que necesitan se encuentra y genera en Reservas, por lo que esta no puede olvidar, dentro de su jornada de trabajo, elaborar los informes pertinentes o aquéllos que de forma ocasional le sean solicitados.

En este capítulo se estudian las relaciones de trabajo existentes entre Reservas y otros departamentos del establecimiento, analizando los informes necesarios y de dónde se obtiene la información para su elaboración, de forma que se puedan llevar a cabo correctamente estas relaciones interdepartamentales.

2. Informes de reservas

En este apartado se explica el objetivo de los informes de reserva, las relaciones entre departamentos y los informes básicos elaborados por Reservas.

2.1. Objetivo

En un establecimiento de alojamiento todos los departamentos tienen un peso importante dentro del mismo, es como si fuera un gran equipo en el que todos dependen o necesitan de los otros para alcanzar un objetivo: la venta máxima de los servicios del establecimiento. Está claro que cada departamento tiene atribuidas unas funciones concretas y, por tanto, diferentes  (imagine por ejemplo las de Dirección y Reservas), pero aún existe una gran interconexión entre ellos (difícilmente podrá la Dirección de un establecimiento tomar decisiones estratégicas si carece de datos en cuanto a ocupación).

Se puede decir, por tanto, que la razón de ser de esta función o el objetivo de la emisión de informes por parte de Reservas es poder mantener unas relaciones de trabajo indispensables para el buen funcionamiento del establecimiento. De esto, se pueden extraer las siguientes conclusiones:

- Al hablar de relaciones de trabajo interdepartamentales se deja claro que se trata de comunicación interna, es decir, que se produce entre departamentos y, por tanto, dentro de la empresa.
- La afirmación "relaciones indispensables" pone de manifiesto la necesidad indudable de estas, formando parte del propio trabajo del subdepartamento.
- El buen funcionamiento del establecimiento hace referencia, entre otros aspectos, a: toma acertada de decisiones, disposición de los servicios solicitados por el cliente, correcta prestación de estos, venta óptima de los servicios, obtención de beneficios, etc.

Aunque esta unidad se centra en la emisión de informes por parte de Reservas, lógicamente no es el único sudepartarmento que los elabora, dado que también precisa de datos de otros para poder llevar a cabo sus funciones.

 Ejemplo

Una situación de relación interdepartamental en que no es Reservas quien emite un informe, sería en el caso de un listado de clientes *no show*.

Aquí sería Mostrador quien elabora y envía la información a Reservas. ¿Para qué? Para que ésta pueda exigir garantías de pago a estos clientes cada que vez reserven en el establecimiento (ya que no se presentan en el mismo y tampoco avisan), además de para actualizar el *planning* de reservas.

Recuerde

Una relación interdepartamental en una empresa de alojamiento supone intercambio de información entre las dos partes, por lo que no hay que verlo como algo unilateral.

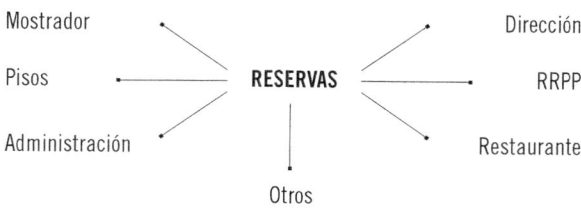

2.2. Relaciones interdepartamentales

A continuación, se exponen las principales relaciones de trabajo que mantiene Reservas con otros departamentos para que todo en el establecimiento funcione correctamente. Se introducen algunos informes aunque estos se estudian más detalladamente en el siguiente punto.

Reservas - Mostrador

Ya en el primer capítulo se puso de manifiesto la estrecha relación entre ambos subdepartamentos. Reservas entrega a Mostrador toda la documentación existente respecto a las reservas con entrada al día siguiente, por lo que a diario le enviará, además de los documentos estudiados en capítulos anteriores, la lista de llegadas. Sin dicha información, Mostrador no podría desempeñar su trabajo.

Además, necesita saber de la situación del establecimiento (disponibilidad) futura, para posibles peticiones de reserva de clientes que abandonan el establecimiento o que acuden en persona a reservar (en este caso las reservas se quedarán pendientes de confirmación por parte de Reservas).

Recuerde

Mostrador forma parte del mismo departamento que Reservas: Recepción.

Reservas - Conserjería

Conserjería planifica su trabajo (equipajes, control del hall, información al cliente, etc.) y turnos de personal en función de los informes de previsión de ocupación enviados por Reservas, sobre todo, en el caso de llegadas y salidas de grupos.

Reservas - Pisos

La gobernanta (jefa del departamento de Pisos) necesita conocer la ocupación diaria (diferenciando entre grupos e individuales, salidas, habitaciones de estancia, etc.) para poder organizar a su equipo de trabajo, así como el volumen de ropa necesario, productos, dotaciones, etc. y poder hacer los correspondientes pedidos.

Recuerde

Consejería y Pisos forman parte de la misma área de trabajo que Reservas: Alojamiento.

Reservas - Administración

La relación se basa en confirmar la llegada correcta de los anticipos solicitados para confirmar las reservas.

Reservas - Relaciones Públicas

Una de las funciones de las relaciones públicas de un establecimiento es la atención personalizada a clientes especiales, como los VIP. Por tanto, debe conocer la llegada de este tipo de clientes para darles la bienvenida (en caso en que no sea necesario que lo haga el Director). En algunos establecimientos es el RRPP quien revisa la lista de atenciones especiales para dichos clientes.

Reservas - Comercial

Muchas veces la contratación de salones (comercial interno) conlleva también la reserva de habitaciones (un ejemplo muy claro es el caso de las bodas), por lo que Comercial necesitará información sobre disponibilidad. Además, puesto que Comercial se encarga de diseñar acciones de *marketing* para maximizar la venta de los servicios del establecimiento, precisa por tanto de datos de ocupación, tanto a corto como a medio y largo plazo.

Reservas - Restaurante

Restaurante y cocina planifican gran parte de su trabajo gracias a los informes de previsiones de servicios emitidos por Reservas. Es interesante enviarlos a 5 o 10 días vista, para el tema de aprovisionamientos, comidas especiales (deportistas, diabéticos, etc.), número de desayunos, medias pensiones y pensiones completas a servir, sobre todo, en el caso de grupos, si llevan la bebida incluida o no, etc.

Reservas - *Room service*

Room service, servicio de habitaciones, además de subir las peticiones de los clientes durante su estancia, es el encargado de preparar las atenciones especiales: cesta de frutas, bombones, champán bien frío, etc. De ahí, que Reservas le emita con antelación un listado con los detalles especiales.

También hay que indicar que en establecimientos de máxima categoría se colocan atenciones en todas las habitaciones, con lo que la previsión para la organización de este trabajo ha de ser mayor.

Reservas - Dirección

Puesto que la Dirección es la encargada de planificar, organizar y controlar el funcionamiento del establecimiento, siendo la responsable de todo lo que en él sucede, está claro que muchos de los informes de Reservas le serán solicitados por este departamento. Sobre todo, precisa saber de la producción presente y futura, para vigilar que se esté cumpliendo con el presupuesto establecido y la correcta toma de decisiones.

Por otro lado, en muchas ocasiones es el Director del establecimiento quien recibe personalmente a clientes de relevada importancia, por lo que ha de tener conocimiento de su llegada.

Recuerde

Los requisitos para catalogar a los clientes VIP no son estándar, por lo que varía de un establecimiento a otro.

Reservas - Mantenimiento

El departamento de mantenimiento, a través de informes de previsión, podrá organizar las tareas de mantenimiento periódico en el establecimiento (como puede ser pintar las habitaciones), ya que aprovechará las épocas de menor ocupación para desarrollar estas tareas.

Aplicación práctica

¿A qué departamentos debe entregar los siguientes informes durante su jornada laboral en Reservas?

a. Comunicar anticipos ordenados.
b. Comunicar disponibilidad.
c. Informar de la ocupación del próximo trimestre.
d. Informar de la ocupación de los próximos días.
e. Informar de la estancia de un grupo alojado en pensión completa.

SOLUCIÓN

a. Administración.
b. Mostrador y Comercial.
c. Dirección y Comercial, así como Mantenimiento cuando este lo necesite.
d. Mostrador, Pisos y Conserjería.
e. Restaurante.

2.3. Informes básicos de Reservas

Una vez vistas y justificadas las relaciones de trabajo existentes entre Reservas y otros departamentos del establecimiento, se estudian los principales informes emitidos por esta, analizando la información que han de contener y de qué documentos se obtiene.

Existen dos tipos básicos de informes, que difieren entre sí por su fin y utilidad. Estos son: previsiones y listados.

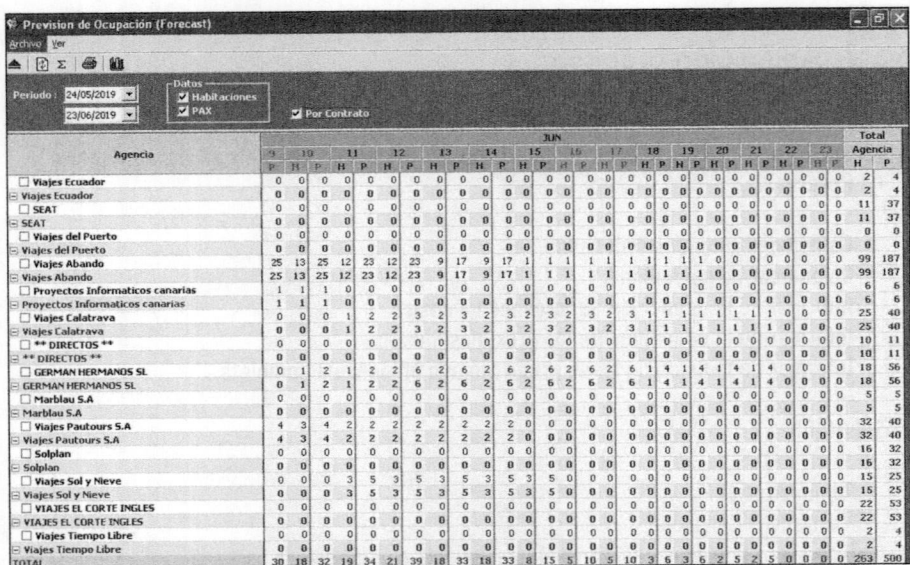

Modelo de previsión elaborado por el subdepartamento de Reservas

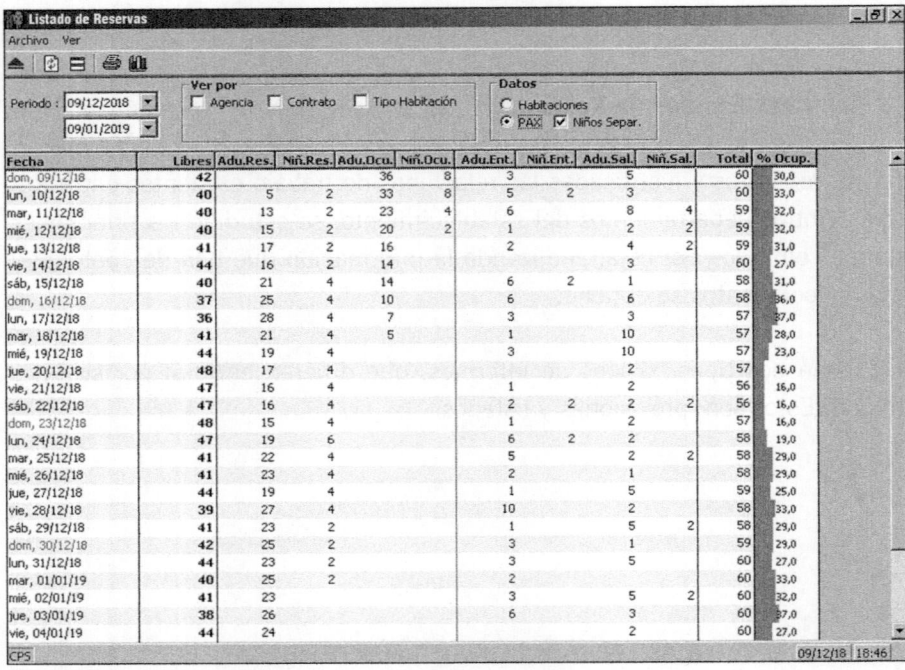

Modelo de listado

Previsiones

Son aquellos informes que recogen información referente a la ocupación y servicios contratados en las reservas efectuadas. Su utilidad principal es la de planificar el trabajo de los distintos departamentos implicados ya que permite:

- Diseñar los turnos de trabajo del personal.
- Aprovisionamiento de comida y bebida, productos de limpieza, etc.
- Contratación de personal extra, en caso de necesidad.
- Reparto óptimo de tareas entre el personal.

Es por ello que cualquier error en la previsión de estos informes supone un gasto económico o una falta de recursos para la correcta prestación de los servicios según lo reservado por el cliente.

 Ejemplo

De error de previsión

Gasto económico: al prever más servicios de la cuenta se adquirirán más productos, en muchos casos perecederos, a lo que no se dará utilidad; además de incurrir en gastos de personal innecesarios al contratar extras.

Falta de recursos: una falta de previsión por defecto puede conllevar demoras en la entrega de equipajes por falta de personal, colas para el *check-in,* etc., o falta de aprovisionamiento de alimentos y bebidas y que no puedan desayunar todos los clientes del establecimiento.

En cuanto al plazo de tiempo con el que Reserva emite estas previsiones depende de cada departamento y de las necesidades que tenga, pero puede ir desde un año de antelación a la llegada de las reservas, como a seis meses, un mes o quince días. E incluso, se pueden ir haciendo distintas previsiones, ya que las reservas se anulan, modifican y entran nuevas, por lo que resulta más eficaz, con independencia de las previsiones efectuadas con anterioridad, hacer siempre una final a falta de una o dos semanas de la llegada.

Los documentos a partir de los cuales Reservas elabora estos informes son la hoja de reservas, el *planning* y el libro de entradas y salidas, distinguiéndose dos informes de previsión: de ocupación y de servicios.

De ocupación

Informe que recoge cantidad de habitaciones ocupadas para un período de tiempo determinado. Para elaborar estas previsiones solo se tendrán en cuenta las reservas en estado de OK y/o confirmadas.

Los principales datos que han de recoger estas previsiones son:

▪ Cantidad y tipo de habitaciones reservadas y número de *pax*. Aquí habrá que tener en cuenta las habitaciones ocupadas con anterioridad y que continúan su estancia.
▪ Reservas que entran: habitaciones y *pax.*
▪ Salidas: habitaciones y *pax.*
▪ Información especificada por día y totales para el período.

Los principales destinatarios de estas previsiones son Dirección, Mostrador, Conserjería, Comercial y Pisos.

 **Ejemplo**

En un hotel están ocupadas 4 Dobles que salen el día 3, 1 DUI que sale el 4 y 1 TRI que sale el 5. Además, el día 30 entran 2 TRI con salida el 1 y 1 DUI con salida el 2.

Por otro lado, hay reservadas:

▪ 1 DUI entrada el 1 y salida el 4.
▪ 1 Doble entrada el 2 y salida el 3.
▪ 1 Doble entrada el 2 y salida el 5.
▪ 1 IND entrada el 3 y salida el 4.

La previsión de ocupación para los 3 primeros días sería:

Previsión de ocupación del 01/10/2025 al 03/10/2025						
Fecha	**Ocupadas**		**Entradas**		**Salidas**	
	Hab.	*Pax*	**Hab.**	*Pax*	**Hab.**	*Pax*
01	4 Dobles 3 DUI 1 TRI	14	1 DUI	1	2 TRI	6
02	6 Dobles 3 DUI 1 TRI	18	2 Dobles	4	1 DUI	1
03	1 Doble 2 DUI 1 TRI 1 IND	8	1 IND	1	5 Dobles	10
TOTAL	23	40	4	6	8	17

De esta forma, por ejemplo, el día 2 hay 6 Dobles ocupadas de las cuales 2 han entrado ese mismo día.

Aplicación práctica

Lucía realiza las siguientes reservas en un establecimiento, ¿cómo cree quedaría la previsión de ocupación correspondiente a la semana?

I 1 TRI del 1 al 6.
I 2 Dobles del 2 al 4.
I 1 DUI del 7 al 10.
I 1 *suite* la noche del 5.
I 1 Doble del 2 al 7.
I 3 DUI del 3 al 5.
I 1 TRI la noche del 2.

SOLUCIÓN

Fecha	Ocupadas		Entradas		Salidas	
	Hab.	*Pax*	Hab.	*Pax*	Hab.	*Pax*
1	1 TRI	3	1 TRI	3		
2	2 TRI 3 Dobles	12	2 TRI 3 Dobles	12		
3	1 TRI 3 Dobles 3 DUI	12	3 DUI	3	2 TRI	6
4	1 TRI 1 Doble 3 DUI	8			2 Dobles	4
5	1 TRI 1 Doble 1 *SUITE*	7	1 *SUITE*	2	3 DUI	3
6	1 Doble	2			1 TRI 1 *SUITE*	5
7	1 DUI	1	1 DUI	1	1 Doble	2
TOTAL	23	45	11	21	10	20

Se ha considerado la *suite* ocupada por 2 *pax*.

De servicios

Informe que recoge el número de servicios a efectuar a partir del régimen alimenticio (AD, MP y PC) y las habitaciones ocupadas, según las reservas efectuadas para un período de tiempo concreto.

Los principales datos que han de recoger estas previsiones son:

- Cantidad y tipo de habitaciones a limpiar.
- Número de *pax* que desayunan.
- Número de *pax* que almuerzan.
- Número de *pax* cenan.
- En este caso, también hay que tener en cuenta las habitaciones ocupadas con anterioridad y que continúan su estancia.
- Información especificada por día y totales para el período.

Los principales destinatarios de las previsiones de servicio son Dirección, Pisos y Restaurante.

Ejemplo

Imagine que un establecimiento abre por primera vez el día 1. A partir de los siguientes datos de reservas se va a realizar un informe de previsión de servicios para una semana:

- 1 Doble del 2 al 7 en SA.
- 2 TRI del 1 al 7 en AD.
- 1 Doble la noche del 1 en SA.
- 1 DUI la noche del 1 en PC.
- 1 Doble la noche del 1 en AD.
- 1 Doble del 1 al 5 en AD.
- 1 TRI del 1 al 7 en AD.
- 1 TRI del 3 al 5 en PC.

Previsión de servicios del 01/10/2025 al 07/10/2025				
Día	Habitación	Desayuno	Almuerzo	Cena
1			1	1
2	3 Dobles 3 TRI 1 DUI	14		
3	2 Dobles 3 TRI	11	3	3
4	2 Dobles 4 TRI	14	3	3
5	2 Dobles 4 TRI	14		
6	1 Doble 3 TRI	9		
7	1 Doble 3 TRI	9		
Total	32	71	7	7

Nótese que en este caso, la columna habitación no recoge las ocupadas, sino las habitaciones a limpiar por día.

Se ha considerado que se hace la primera comida de la PC el día de llegada.

Importante

Puesto que la habitación se ocupa a partir de las 12.00 horas, el desayuno se realiza al día siguiente de la llegada, pero no así el almuerzo y la cena, que se ha de especificar cuándo son.

Aplicación práctica

Si fuera el responsable de Reservas de un complejo hotelero y le pasaran los siguientes datos, ¿cómo cree que quedaría la previsión de servicios correspondiente a los 10 días?

▌ 1 Doble del 2 al 4 en SA.
▌ 1 DUI del 4 al 10 en SA.
▌ 1 DUI del 6 al 9 en AD.
▌ 1 DUI la noche del 4 en MP (cena el día de llegada).
▌ 1 Doble del 1 al 6 en PC (almuerzo el día de llegada).
▌ 1 Doble del 2 al 4 en AD.
▌ 1 TRI del 4 al 10 en MP (con almuerzo y el último el día de salida).

SOLUCIÓN

Día	Habitación	Desayuno	Almuerzo	Cena
1			2	2
2	1 Doble	2	2	2
3	3 Dobles	4	2	2
4	3 Dobles	4	2	3
5	1 Doble 2 DUI 1 TRI	6	3	2
6	1 Doble 1 DUI 1 TRI	5	3	
7	2 DUI 1 TRI	4	3	
8	2 DUI 1 TRI	4	3	
9	2 DUI 1 TRI	4	3	
10	1 DUI 1 TRI	3	3	
Total	25	36	26	11

Listados

Son aquellos informes que recogen información sobre o a partir del trabajo realizado en Reservas, pero que no suponen un pronóstico de ocupación o contratación de servicios. En cierto modo, también ayudan a la organización del trabajo, pero por sí solos no permiten la planificación al no ser esta su principal objetivo. Un listado es un instrumento de trabajo que ayuda en el desempeño de las labores, bien se trate de una acción operativa o de la toma de una decisión.

Los más comunes son:

- Listas de llegadas
- Reservas
- Operaciones con reservas
- Depósitos de reservas
- Disponibilidad
- Atenciones especiales

Lista de llegadas

Es el informe que resume el trabajo gestionado por Reservas respecto a las solicitudes, se elabora a diario y es entregado a Mostrador, junto con el resto de documentación de las reservas, el día antes de la llegada. Es decir, la lista de llegadas de hoy habrá sido elaborada ayer por la tarde, hoy se elaborará la de mañana y así sucesivamente.

 Nota

A la lista de llegadas también se le denomina "hoja de entradas".

Para poder realizar este informe, la información se extrae principalmente de las hojas de reservas, aunque también se puede extraer del *planning* y el libro de reservas.

Los datos que contiene este informe son:

- Número de habitación, en caso de haber preasignado la reserva (es decir, si se utiliza el *planning* nominal); sino, se deja en blanco para que sea Mostrador quien lo cumplimente.
- Nombre y apellidos del huésped.
- Tipo de habitación.
- Número de *pax* que la ocupan.
- Fecha de salida.
- Régimen.
- Reservado por.
- Observaciones.
- Situación de la reserva.
- Con el uso de una aplicación informática aparecerá otro campo: el localizador de la reserva.

Aspectos a considerar en la elaboración del informe:

- Las reservas han de ordenarse por orden alfabético, de forma que sea más fácil localizarlas en la lista.
- Si una reserva conlleva más de una habitación, el nombre del huésped aparecerá tantas veces como habitaciones reservadas (ver en el ejemplo), de forma que si llegan a destiempo pueda señalarse la/s que ya haya/n llegado y la/s otra/s quedar como pendientes/s de llegada.
- Es importante identificar las reservas que pertenezcan a un mismo grupo.

Es interesante además que Reservas compruebe y refleje en estos informes la necesidad de instalar camas supletorias o cunas en las habitaciones reservas, así como dejar bien claro el número de pax que ocuparán la habitación. Esto último por dos motivos:

▪ Para que Pisos prepare la habitación para ese número exacto de personas.

▪ Y para que compruebe, a la hora de hacer las habitaciones, que efectivamente es ese el número de *pax* que la están ocupando y no más.

Importante

No se debe confundir el listado de llegadas con una previsión por informar de la ocupación del día, ya que la lista de llegadas se realiza a diario (nunca con más antelación); además de que con la aplicación informática se puede actualizar tantas veces como se quiera a lo largo de la jornada.

Ejemplo

A partir de los siguientes datos de reservas para el día 2, se va a confeccionar la lista de entradas de dicho día:

▪ Gil Bueno, Mª reservó una IND y una Doble en régimen de AD, para dos noches. Habitaciones 101 y 102.
▪ Pérez Vega, Luis reservó a través de Viajes DonViajero (bono de servicios SA) una IND para una noche. Habitación 111.
▪ Leal Bajo, Juan reservó una TRI para tres noches en régimen SA. Dejó n.º de tarjeta de crédito. Solicita habitación de dos camas. Habitación 106.
▪ Cruz León, Ana reservó a través de la empresa Cosméticos Bella una IND para una noche en régimen AD. Habitación 110.

Continúa en página siguiente >>

<< Viene de página anterior

Lista de Llegadas								Día: 02/10/2019
HAB.	**CLIENTE**	**TIPO HAB.**	**N.º PAX**	**SALIDA**	**RÉGIMEN**	**RESERVADO POR**	**OBSERV.**	**ESTADO**
110	Cruz León, Ana	IND	1	03/10	AD	Cosméticos Bella		Confirmada
101	Gil Bueno, Mª	IND	1	04/10	AD	Directa		Confirmada
102	Gil Bueno, Mª	Doble	2	04/10	AD	Directa		Confirmada
106	Leal Bajo, Juan	TRI	3	05/10	SA	Directa	Twinn + Supletoria	OK
111	Pérez Vega, Luis	IND	1	03/10	SA	DonViajero Viajes	Bono servicios	OK

Recuerde

A la reserva que viene de un particular se le conoce como "reserva directa".

Aplicación práctica

Su jefe le indica que a partir del *planning* nominal y la siguiente información extraída de las hojas de reservas, elabore la lista de llegadas para el día 1, ¿cómo quedaría la lista?

I Pepe viene a través de la agencia Viajes DonViajero, con bono de servicios.
I Jacinto llamó él mismo para reservar.
I Elena llamó ella misma para reservar y dejo n.º de tarjeta de crédito.
I Luisa es una reserva directa.
I Arturo viene a través de la empresa Miss Móviles.
I Ana viene a través de la agencia Viajes DonViajero con bono reserva.
I Javier es una reserva directa e hizo una transferencia como depósito al establecimiento.

Mes: JULIO

	01	02	03	04	05	06	07
101 (Twin)	Pepe 2 *pax* AD			Jacinto 2 *pax* SA			→
102 (Doble)				Elena 3 *pax* AD			→
103 (Doble)				Elena 3 *pax* AD			→
104 (Doble)	Luisa 1 *pax* PC	→		Arturo 3 *pax* AD			
105 (Twin)	Ana 2 *pax* AD						
106 (Doble)			Javier 2 *pax* AD				

Continúa en página siguiente >>

<< Viene de página anterior

SOLUCIÓN

HAB.	CLIENTE	TIPO HAB.	N.º *PAX*	SALIDA	RÉGIMEN	RESERVADO POR	OBSERVACIONES	ESTADO
105	Ana	Doble	2	02/07	SA	DonViajero Viajes	Dos camas Bono reserva	Confirmada
102	Elena	TRI	3	07/07	AD	Directa	Matrimonio + supletoria	OK
103	Elena	TRI	3	07/07	AD	Directa	Matrimonio + supletoria	OK
106	Javier	Doble	2	05/07	AD	Directa	Cama matrimonio	OK
101	Pepe	Doble	2	02/07	AD	DonViajero Viajes	Dos camas Bono servicios	OK

Luisa no aparece en la lista de llegadas pues ya está en el establecimiento, llegó con anterioridad.

Reservas

Informa de todas las reservas efectuadas, lo más común, referidas a un día. Los principales datos del listado son:

- Nombre del cliente.
- Fecha de salida (la fecha de entrada será la fecha a que se refiere el listado).
- Cantidad y tipo de habitaciones.
- Reservado por...
- Régimen.
- Observaciones.
- Estado de la reserva.

▪ Total reservas.

▪ Total habitaciones.

▪ Si es una aplicación informática aparecerá el localizador en primer lugar, para facilitar su localización.

Operaciones con reservas

Listado que recoge las operaciones hechas con reservas: nuevas, modificaciones, anulaciones, confirmaciones (en caso de haber estado en WL), etc., junto con la información de las mismas que el establecimiento quiera reflejar. Al igual que el listado anterior, este suele referirse a un día.

Los principales datos que aparecen en este informe son:

▪ Nombre del cliente.

▪ Operación. Refleja la acción hecha.

▪ Observaciones.

▪ Total de operaciones efectuadas.

▪ Si es una aplicación informática aparecerá el localizador en primer lugar, para facilitar su localización.

También se pueden sacar listados independientes para cada acción, es decir, un listado de reservas anuladas, otro de modificadas, etc.

Depósitos de reservas

Listado que informa sobre los depósitos efectuados como garantías de las reservas. Es muy importante identificar aquí la reserva para la que se hizo el depósito, la cantidad y la forma en que se realizó (efectivo, transferencia, etc.).

Disponibilidad

Al contrario que la previsión de ocupación, este informe recoge el número de habitaciones disponibles por tipo y día, para un período concreto.

Los principales campos que configuran este listado son:

- Fecha. Recoge uno a uno los días del período.
- Disponibles. Recoge el total de habitaciones vendibles ese día. Este dato proviene del número total de habitaciones, menos las reservadas, las ocupadas y las bloqueadas.
- Tipos de habitación. Recoge el n.º de habitaciones disponibles por día para cada tipo de habitación.

Atenciones especiales

Informe que recoge los detalles a llevar a las habitaciones de los clientes antes de su llegada, tal es el caso de clientes VIP, recién casados… por lo que estos listados se elaborarán a diario.

En el listado aparecerá:

- Número de habitación. Si se trabaja con *planning* nominal.
- Nombre del cliente.
- La atención: botella de champán, bombones, etc.
- Hora de llegada. Este dato es muy importante, para poder subirlo a la habitación en el momento justo.

Esta información se puede sacar del *cárdex* o de la hoja de reservas (si es una atención a petición del cliente).

Establecimientos de máximo nivel ponen atenciones en todas las habitaciones, con independencia de la categoría del cliente o de si lo solicitó o no.

Cuando el establecimiento ponga atenciones en todas las habitaciones no se emitirá listado de atenciones, pues room service conoce los detalles de antemano y para ello empleará el informe de previsión y la lista de llegadas (para saber exactamente los números de las habitaciones).

Se han expuesto los listados más comunes, si bien no son los únicos que Reservas puede elaborar, ya que puede sacar tantos como le sean solicitados. Al igual que las previsiones, los listados no son informes de formato preestablecido, sino que es el establecimiento el que lo diseña según sus necesidades y/o prioridades.

 Recuerde

Con el uso de un programa informático la elaboración de los informes en Reservas es automática (ya sean listados o de previsión) y no hay más que solicitarlos al programa para obtenerlos.

 Nota

La principal diferencia entre un informe de previsión y un listado es que el fin del primero es la planificación del trabajo (por lo que recoge servicios contratados y aún no prestados), mientras que el listado informa sobre cualquier otra realidad del establecimiento, siendo un instrumento de trabajo para el destinatario.

3. Resumen

En el presente capítulo se ha tratado otra de las funciones del subdepartamento de Reservas: la emisión de informes.

La razón de ser de la emisión de informes por parte de Reservas, es poder mantener unas relaciones de trabajo con el resto de departamentos del establecimiento, imprescindibles para el buen funcionamiento de la empresa y para poder alcanzar su principal objetivo: la venta máxima de sus servicios.

Los principales departamentos y subdepartamentos con los que Reservas mantiene relaciones de trabajo y para los que elabora informes son:

- Mostrador
- Conserjería ──────── Área de Alojamiento
- Pisos
- Relaciones Públicas
- Comercial
- Restaurante
- *Room service*
- Dirección
- Mantenimiento

Los informes elaborados por Reservas a partir de todo el trabajo generado en el subdepartamento, se pueden dividir en dos tipos según su finalidad:

1. **Previsiones.** Son informes que permiten a los distintos departamentos planificar y organizar su trabajo. Estos pueden ser:

   - Informes de previsión de ocupación
   - Informes de previsión de servicios

2. **Listados.** Son informes que necesitan los departamentos para cumplir con sus funciones, constituyéndose como instrumentos de trabajo. Algunos de estos listados son:

- Lista de llegadas
- Listado de reservas
- Listado de operaciones con reservas
- Listado de depósitos de reservas
- Listado de disponibilidad
- Listado de atenciones especiales

Ejercicios de repaso y autoevaluación

De las siguientes frases, indique cuál es verdadera o falsa. En el caso de las falsas, justifique su respuesta.

1. Las relaciones interdepartamentales son aquéllas que se producen entre los departamentos de una empresa.

☐ Verdadero
☐ Falso

2. Conserjería planifica su trabajo gracias a la emisión de listados por parte de Reservas.

☐ Verdadero
☐ Falso

3. La lista de llegadas recoge, entre otros datos, el número de *pax* que ocupan la habitación.

☐ Verdadero
☐ Falso

4. Reservas no mantiene relaciones con Restaurante ya que pertenecen a distintas áreas de trabajo.

☐ Verdadero
☐ Falso

5. El listado de disponibilidad informa de entradas y salidas en un establecimiento.

☐ Verdadero
☐ Falso

6. Un error en la previsión de un servicio puede conllevar un gasto de dinero innecesario.

   ☐ Verdadero
   ☐ Falso

7. El informe "operaciones con reservas" es un ejemplo de informe previsión.

   ☐ Verdadero
   ☐ Falso

8. Los informes de Reservas son elaborados a partir de la información contenida en el *planning*, entre otros documentos.

   ☐ Verdadero
   ☐ Falso

9. Si se trabaja con un *planning forecast*, en la lista de llegadas el campo "habitación" no aparece cumplimentado.

   ☐ Verdadero
   ☐ Falso

10. Un informe de previsión de ocupación permite al departamento de Pisos organizar los turnos de trabajo.

    ☐ Verdadero
    ☐ Falso

Capítulo 5

Legislación sobre reservas. La figura del *overbooking*

Contenido

1. Introducción

Antiguamente, en nuestro país existía una Ley del turismo estatal y que como tal era de aplicación en todo el territorio nacional. Con el tiempo cada comunidad autónoma fue adquiriendo sus propias competencias en materia turística, de manera que han ido desarrollando sus propias normativas y decretos en función del peso del turismo en cada región, que es lo que condiciona la necesidad de una mayor o menor profundización en cuanto a leyes, además de la existencia de determinadas regulaciones. De hecho, estas leyes no se constituyen como algo perpetuo e inamovible, sino que van cambiando adaptándose a la evolución del sector, con objeto de mejorar el desarrollo del mismo en cada región.

Si bien estas leyes no difieren mucho entre comunidades autónomas, lo que está claro es que ya no se puede hablar de una única Ley del turismo de España y que para conocer los distintos aspectos normativos habrá que consultar la normativa específica de esa CC. AA.

Este capítulo se centra en la regulación sobre determinados aspectos de reservas, analizando las normas comunes a todo el territorio nacional, cuando así proceda, o dando una visión general sobre las diversas normativas autonómicas cuando se carezca de ley estatal.

2. Ley sobre precios y reservas

La *Orden de 15 de septiembre de 1.978, sobre régimen de precios y reservas en alojamientos turísticos* es una de las pocas normativas estatales existentes en nuestro país y puesto que regula aspectos a tener en cuenta en el desempeño del trabajo de Reservas, se analizan a continuación aquellos artículos que desarrollan cuestiones referentes al mismo.

No obstante, se ha de indicar que, al margen de esta orden algunas comunidades autónomas han desarrollado su propia normativa sobre precios y reservas (como la Comunidad Valenciana, Aragón o Galicia, entre otras) y que por lo tanto pueden diferir o haber dejado sin efecto a la norma estatal. Se recomienda por tanto consultar si existe normativa propia al efecto en aquella comunidad que se desee estudiar con mayor profundidad.

De la citada orden estatal, estructurada en 19 artículos, se destacan los siguientes:

Los puntos 2 y 3 del artículo 5 tratan sobre el concepto (ya estudiado en el Capítulo 2) y facturación de la pensión alimenticia y la pensión completa.

 Recuerde

Pensión alimenticia (PA) = desayuno + almuerzo + cena (régimen de menú).

Pensión completa (PC) = pensión alimenticia + alojamiento.

La ley estipula que el precio a cobrar al cliente que se aloja en el establecimiento en régimen de pensión completa es:

El precio de la "pensión completa" se obtendrá por la suma de los correspondientes a la habitación y a la "pensión alimenticia".

Artículo 5.3. Orden de 15 de septiembre de 1978, sobre régimen de precios y reservas en los alojamientos turísticos.

 Nota

La *Orden de 15 de septiembre de 1978 sobre régimen de precios y reservas en los alojamientos turísticos* especifica que "2. La "pensión alimenticia" no podrá exceder del 85 por 100 de la suma de los precios señalados al desayuno, almuerzo y cena".

De lo anterior se extraen las siguientes conclusiones:

- No se puede cobrar al cliente el importe exacto de la suma del precio del desayuno, almuerzo y cena, sino como máximo el 85 %, es decir, el hecho de efectuar las tres comidas en el establecimiento conlleva lleva como mínimo un descuento del 15 %.
- El precio del alojamiento es el de la tarifa aplicable en ese momento, es decir, la orden no establece un descuento o precio máximo a cobrar sobre la habitación.
- Este descuento es aplicable únicamente a la PA, no al AD ni a la MP.

 Ejemplo

Observe los siguientes precios ofrecidos por un establecimiento:

- Habitación dobles: 80 €/noche.
- Desayuno: 6 €/*pax.*
- Comida/cena: 12 €/*pax.*

El precio de la PA sería:

- [85 % (6 € + 12 € + 12 €)] x 2 *pax* = 51 €.

El coste total para dos noches de estancia sería:

- (51 € PA + 80 € habitación) x 2 noches= 262 €.

Nota

Orden de 15 de septiembre de 1978 sobre régimen de precios y reservas en los alojamientos turísticos. Artículo 7:

1. Se entenderá que el hospedaje comprende el uso y goce pacifico de la unidad de alojamiento y servicios complementarios anejos a la misma o comunes a todo el establecimiento, no pudiendo percibirse suplemento alguno de precio por la utilización de estos últimos.

El artículo 7, en su apartado número 1 establece que hay una serie de servicios, denominados comunes, por cuyo uso el establecimiento no puede cobrar al cliente. En el apartado 2 se enumeran estos servicios:

- Piscinas.
- Hamacas, toldos, sillas y demás mobiliario propio de piscinas, jardines, playas y parques particulares.
- Los aparcamientos exteriores de vehículos.

Nota

Algunos establecimientos de alojamiento techan sus plazas de aparcamiento exterior con estructuras de uralita o similar, de forma que puedan cobrar por su uso aún no siendo *parking* interiores.

A lo largo de sus tres puntos, el artículo 8 trata de la ocupación, cobro y excepciones en el uso de la habitación doble de uso individual (DUI).

En primer lugar establece una distinción entre la DUI solicitada como tal por el cliente y la DUI ofertada por el establecimiento en caso de no disponer de habitaciones individuales. Así, hay que tener en cuenta lo siguiente:

- Cuando el cliente solicite una habitación IND y no haya disponibles en el establecimiento, se le alojará en una doble, siendo así DUI, pero como máximo solo se le podrá exigir el 80 % del precio de la habitación que ocupe. En el momento en que queden habitaciones IND disponibles, se invitará al cliente a cambiar de habitación y en caso de que no acepte se le facturará el total del precio de la habitación que venía ocupando.
- Cuando el cliente solicite una DUI (habiendo IND disponibles) se le cobrará el importe total de la habitación ocupada.
- Existen unos tipos de habitación que, con independencia de disponibilidad o no de IND, han de cobrarse en su totalidad aún estando ocupadas por una sola persona y son las *suites* y las habitaciones con salón privado.

Es importante, para no tener problemas con el cliente a la hora de abonar la factura, dejar bien claro cuando se aplica ese descuento mínimo del 20 %, pues el cliente puede considerar que por ocupar él solo la habitación le va a resultar más barato en cualquier caso.

De todos modos hay establecimientos que ante la falta de disponibilidad de habitaciones individuales y no estando el cliente conforme con pagar más por una DUI, la empresa decide dejarle el precio de la individual antes que perder al cliente, sobre todo, en época de baja ocupación.

Ejemplo

Suponiendo que en un hotel no quedan IND disponibles y con los siguientes precios de habitación:

a. *Double:* 100 €
b. *Twin:* 100 €
c. *Suite:* 300 €

El coste de la DUI para esos siguientes casos sería:

a. 80 €
b. 80 €
c. 300 €

El artículo 9 trata aspectos relativos a la instalación de camas supletorias en las unidades de alojamiento.

En primer lugar, se ha de saber lo siguiente:

- Para poder instalar supletorias es necesaria la autorización del organismo turístico competente.
- Se pueden poner supletorias tanto en habitaciones IND como en Doble.
- La ley permite la instalación de hasta dos camas supletorias por habitación, siempre que las dimensiones de ésta así lo permitan.
- La instalación de estas camas está sujeta a petición expresa de los clientes.

En cuanto al precio de las camas supletorias, la orden fija los siguientes máximos a cobrar:

- Para la 1.ª cama supletoria:

  - El precio no podrá ser superior al 60 % del precio de la habitación en que se instale cuando ésta sea una IND.

▪ El precio no podrá ser superior al 35 % del precio de la habitación en que se instale cuando esta sea una Doble.

■ Para la 2.ª cama supletoria:

▪ El precio no podrá ser superior al 40 % del precio de la habitación en que se instale cuando esta sea una IND.
▪ El precio no podrá ser superior al 25 % del precio de la habitación en que se instale cuando esta sea una Doble.

De lo anterior se deduce que el precio de la 2.ª supletoria es menor que el de la 1.ª, siendo más barato para el cliente su instalación en una Doble que en una IND.

Respecto a las cunas para niños menores de 2 años, la instalación será gratuita.

 Ejemplo

Imagine los siguientes precios en un establecimiento:

▪ Habitación Doble 120 €.
▪ Habitación IND 70 €.

El precio de la TRI (Doble + 1 SUP) sería:

▪ 120 € + 35 % de 120 € = 162€.

El precio de la DOBLE (IND + 1 SUP) sería:

▪ 70 € + 60 % de 70 € = 112€.

El precio de la CUÁDRUPLE (Doble + 2 SUP) sería:

▪ 162 € + 25 % de 120 € = 192 €.

Continúa en página siguiente >>

<< Viene de página anterior

El precio de la TRI (IND + 2 SUP) sería:

▌ 112 € + 40 % de 70 € = 140 €.

Observe que el % de la 2.ª supletoria se aplica sobre el precio inicial de la habitación.

Importante

El resultado de aplicar los distintos porcentajes es solo el precio de la cama supletoria, por lo que para obtener el precio final de la unidad de alojamiento, habrá que sumarlo al precio de la habitación en que se instale.

Aplicación práctica

Raúl trabaja en un establecimiento cuyos precios son los indicados más abajo y le piden que calcule el coste de las siguientes habitaciones, ¿qué precio cree usted que dará Raúl?

  a. Precio máximo a cobrar por la 2.ª cama supletoria en IND.
  b. Precio por habitación y pax en TRI (Doble + SUP).

Precio habitación IND: 60 €.

Precio habitación Doble: 110 €.

SOLUCIÓN

  a. 40 % de 60 € = 24 €.
  b. 35 % de 110 € + 110 € = 148,5 € la habitación.
    148,5 €/3 pax = 49,5 €/*pax*.

El artículo 10, en su apartado número 1, hace referencia a la jornada de uso de la unidad de alojamiento.

La ley indica que el precio de la habitación, u otra unidad de alojamiento, ha de contarse por días y que, salvo en el caso de apartamentos y similares y ciudades de vacaciones, no se le puede exigir al cliente una estancia mínima superior a un día.

 Recuerde

Una posible excepción a lo marcado en el artículo 10 sería el caso en que se aplica la tarifa por horas, donde la habitación es ocupada solo por unas horas.

En sus apartados 2 y 3, el artículo 11 de la orden recoge las cantidades máximas en concepto de señal que los establecimientos pueden solicitar a sus clientes sobre las reservas efectuadas, así como el destino de esos depósitos en caso de anulación de las reservas.

En el caso de establecimientos hoteleros, por cada unidad de alojamiento se puede exigir, como máximo:

- El precio de un día de habitación cuando la reserva se efectúe para una estancia no superior a 10 noches.
- Cuando la reserva se efectúe para una estancia superior, el anticipo consistirá en la suma del importe de un día de habitación por cada 10 de estancia o fracción de 10.

Observe que el anticipo se puede pedir exclusivamente sobre el concepto de alojamiento. Esto quiere decir que sobre la manutención no se pueden pedir adelantos.

Ejemplo

Imagine una reserva de una habitación Doble para 7 noches en régimen de AD. Si el precio de la habitación es de 90 €/noche y del desayuno 6 €/*pax*, el depósito máximo a solicitar por esta reserva sería el correspondiente a una noche de alojamiento, es decir, 90 €. Si la reserva, en cambio, se hiciese para 12 noches, el depósito máximo consistiría en 180 €, es decir, dos noches de alojamiento.

En el caso de apartamentos o similares, el anticipo máximo establecido por la orden es de:

- El 40 % del total para estancias inferiores a 1 mes.
- El 25 % del total para estancias de 1 mes.
- El 15 % del total para estancias superiores a 1 mes.

En el caso de anulación de una reserva, tanto de establecimientos hoteleros como de apartamentos, sobre la que se haya efectuado un depósito, en concepto de indemnización se suele proceder de la siguiente manera:

- Cuando dicha anulación se realice con menos de 7 días antes de la llegada estipulada, el establecimiento podrá quedarse con el total del anticipo recibido.
- Cuando la cancelación se produzca entre 7 y 30 días antes de la llegada, la empresa podrá quedarse con el 50 % del anticipo.
- Cuando la anulación tenga lugar con más de 30 días de antelación a la llegada, el establecimiento podrá quedarse con hasta el 5 % del depósito efectuado.

Recuerde

Los porcentajes y cantidades establecidos en los artículos estudiados determinan precios máximos, es decir, el tope que los establecimientos pueden solicitar a los clientes, por lo que por debajo de ese límite cualquier actuación sería correcta.

Aplicación práctica

Un cliente le llama para anular la reserva de dos habitaciones dobles 10 días antes de la llegada, ¿con qué cantidad del depósito se podría quedar el hotel si tiene los siguientes precios?

I **Habitación Doble: 115 €/noche.**
I **Habitación IND: 90 €/noche.**
I **Habitación *suite:* 300 €/noche.**
I **Desayuno: 5 €/*pax*.**
I **Almuerzo/cena: 12 €/*pax*.**

SOLUCIÓN

Con el 50 % del depósito, es decir, con 115 € como máximo.

3. El *overbooking*

En este punto se estudia la figura del *overbooking,* tan conocida y temida por muchos de los usuarios de los servicios turísticos, pero enfocada concretamente a las empresas de alojamiento, analizando tres puntos clave: en qué consiste el *overbooking,* cómo puede llegarse a esta situación y por qué y qué determina la ley al respecto.

3.1. Qué es el *overbooking*

La práctica del *overbooking* consiste en reservar más plazas de las disponibles por parte de la empresa, por lo que aplicado al alojamiento consiste en reservar más habitaciones, parcelas, apartamentos u otras unidades de alojamiento, que las disponibles, por parte del establecimiento.

Aunque se dispone de término propio para esta situación: sobrecontratación, lo más común en el sector es emplear el término anglosajón *overbooking* para referirse a esta.

A la hora de estudiar el *overbooking* es necesario hacer una distinción del sector en que se da. Véase:

- Al hablar de *overbooking* en el sector aéreo, las plazas están realmente vendidas, pues el usuario ya ha pagado sus billetes, por lo que sería más lógico hablar de *overselling* y no de *overbooking*. En cambio, en el sector de alojamiento el cliente aún no ha abonado sus servicios, como mucho ha efectuado algún anticipo.
- Seguramente debido a lo anterior, la legislación al respecto del *overbooking* es diferente en ambos sectores. En el transporte aéreo, el usuario por *overbooking* goza de unos derechos iguales en toda la Unión Europea (da igual que coja un avión en Madrid, Málaga o París). En cambio, el consumidor afectado por *overbooking* en alojamiento está más "indefenso" ante esta situación, pues no existe una única ley de aplicación y las consecuencias pueden ser distintas si pretende alojarse en Canarias, Sevilla o Londres, por lo que las soluciones dadas a los clientes pueden ser diferentes según la comunidad autónoma de destino.

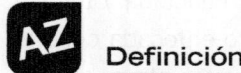 Definición

Overselling
Término inglés que significa sobreventa. Se utiliza para referirse a las empresas que venden más plazas de las que tienen con la esperanza de que no se consuman todas.

 **Consejo**

No se debe confundir *overbooking* con *overselling.*

Overbooking: reservar más unidades de las disponibles.
Oversell: vender más unidades de las disponibles.

3.2. Qué produce el *overbooking*

El hecho de que una empresa se encuentre en situación de *overbooking* puede provenir de:

1. Una **mala gestión** de la ocupación del establecimiento *(overbooking* involuntario). Recuerde que una de las funciones de Reservas es llevar el control de la disponibilidad a corto, medio y largo plazo. Pues bien, un error en la toma de reservas, en la interpretación del *planning,* al pasarlas a éste y al libro, al no tener en cuenta habitaciones bloqueadas, al duplicar reservas, al no actualizar modificaciones o anulaciones, etc., puede conllevar a una situación de sobrecontratación, pues se está trabajando con una disponibilidad errónea, que bien puede llevar a dejar habitaciones sin vender (y que podrían haber sido ocupadas) o a vender por encima de las posibilidades del establecimiento *(overbooking),* situaciones que seguramente el establecimiento en ningún caso desearía.
2. Una estrategia para **maximizar ventas** *(overbooking* voluntario). Pero también es cierto que la sobrecontratación no deriva solo de un error en el control de la ocupación, sino que también puede ser algo intencionado por la Dirección de la empresa, en un intento de no dejar habitaciones sin vender, es decir, el *overbooking* también puede ser empleado como un instrumento para gestionar la ocupación del establecimiento.

Recuerde

Las habitaciones son bienes no almacenables, es decir, una habitación no vendida hoy es una pérdida de oportunidad de ingresos, ya que no se puede guardar para ser ofrecida mañana. De ahí, los intentos de los establecimientos por no dejar habitaciones sin vender.

El hecho de que sea la Dirección de la empresa quien decida incurrir voluntariamente en *overbooking,* pone de manifiesto la dificultad y responsabilidad que supone la toma de esta decisión, no siendo algo que se pueda tomar a la ligera, pues aunque pueda conllevar un éxito en las ventas, puede suponer también problemas con los clientes afectados, lo que se traducirá en reclamaciones a la empresa, mala imagen entre los consumidores, pérdida de clientes, etc.

Para tomar este tipo de decisiones el establecimiento debe de manejar datos de años anteriores, lo que se conoce como *"históricos",* que informen sobre el comportamiento de la demanda en determinadas fechas o períodos. Por ejemplo, hay determinados eventos al año que hace que muchos consumidores reserven habitaciones "por si acaso" para esos días, pero que una vez se acerca la fecha empiezan a cancelar habitaciones (en los mejores casos). Pues bien, antes de poner una reserva en estado WL y que el consumidor pueda irse a otro establecimiento, la Dirección decide aceptar todas las solicitudes, sabiendo que realmente, por experiencias de años anteriores, no todas se presentarán, convirtiéndose en *no show* o cancelaciones de última hora, con el consiguiente riesgo de dejar habitaciones sin vender.

Lo más común es que las empresas lleguen a *overbooking* de manera voluntaria, tras años de experiencia en el negocio que le permitan tomar acertadamente esta decisión, convirtiéndose incluso en práctica habitual por parte de algunas de ellas. De hecho, hay establecimientos que manejando correctamente sus estadísticas y no entrando en un *overbooking* muy elevado, aciertan optando por la sobrecontratación, pues al final llenan el establecimiento al cien por cien sin originar problemas a los clientes ni al propio establecimiento.

Aún así existen otras alternativas al *overbooking,* que eliminan los riesgos y problemáticas derivados de la sobrecontratación y que quizás deberían de ser las que se emplearan para maximizar las ventas y no perder esas oportunidades de ingresos:

- **Manejar adecuadamente las garantías de las reservas.** Si el establecimiento solicita los anticipos máximos, números de tarjetas de crédito o trabaja con bonos de agencias de viajes, no será necesario recurrir a la sobrecontratación para asegurarse la venta de las habitaciones, pues aunque éstas no se lleguen a ocupar, el establecimiento obtiene seguro la contraprestación.
- **Emplear la hora límite de llegada para reservas no garantizadas.** En el caso de no tener garantías, establecer una hora tope de llegada temprana, como son las 18.00 horas, permite al establecimiento el estar a tiempo de usar esa habitación si no llega la reserva. Hay que indicar que el *overbooking* se da, lógicamente, en temporada alta, por lo que se podrán recuperar reservas en WL o aceptar nuevas que entren.
- **Elaborar listados de clientes *no shows* y cancelaciones frecuentes.** Para eliminar riesgos de reservas que fallen, el hecho de tener listados actualizados con clientes que habitualmente se convierten en *no show* es una clara ventaja, pues el establecimiento no aceptará reservas de ellos sin garantías. De la misma forma ocurre con aquellos clientes que, aunque avisen de que al final no llegarán, acostumbran a anular reservas en el último momento.

Pero lo cierto es que esta práctica solo mira por el objetivo de la empresa, de ahí que de algún modo se intente regular el *overbooking* a fin de proteger al usuario y sus intereses. Por tanto, ¿qué ocurre cuando, aún teniendo la reserva confirmada por el establecimiento, el cliente llega al alojamiento el día acordado y le comunican que no tienen habitaciones disponibles?

? Sabía que...

Aunque se haya hecho la reserva a través de la agencia o un intermediario, es el recepcionista quien va a informar al cliente de un *overbooking*.

3.3. Aspectos legales del *overbooking*

Al carecer de una ley estatal sobre el turismo en nuestro país, no existe una regulación uniforme de la figura del *overbooking*, sino que las consecuencias derivadas de esta práctica aparecen recogidas en la Ley del Turismo de cada comunidad autónoma. Esto supone que las obligaciones para el establecimiento por incurrir en sobrecontratación pueden ser más o menos duras según la región en que se encuentre, incluso aunque se trate de una sanción económica, las cuantías pueden ser diferentes. En lo que sí coinciden todas las órdenes es en que esta práctica es indebida y su objetivo es la protección del usuario aunque las normas se desarrollen de diversas formas.

A continuación se expone una visión global de la regulación del *overbooking* en España a través de lo estipulado en las distintas comunidades autónomas.

Las órdenes reguladoras de la actividad turística clasifican las infracciones cometidas por los establecimientos en tres niveles: leves, graves y muy graves. La mayoría de las CC. AA. pena la sobrecontratación como infracción graves, tal es el caso de Aragón, Andalucía, Galicia, Castilla y León, Castilla la Mancha, Baleares, Canarias, Extremadura, Asturias o Madrid.

En Andalucía y Cataluña esta clasificación de la infracción conlleva una particularidad: es considerada grave siempre que al incurrir en *overbooking* se le facilite al usuario alojamiento en otro establecimiento, como mínimo de las mismas características y categoría que el infractor, sufragándole todos los gastos que este cambio le ocasione. En el caso de que el establecimiento no le ofrezca esta solución al consumidor, la infracción pasará de carácter grave a muy grave.

En Canarias, la ley la considera grave salvo que el alojamiento ofrezca la posibilidad antes expuesta al consumidor, en cuyo caso se entiende que sería solo falta leve.

En importante esta clasificación de las infracciones por las sanciones que de ellas se derivan. En el caso de la sobrecontratación, al ser mayoritariamente infracción grave, la pena puede consistir en:

- Una multa pecuniaria, cuyo importe depende de la comunidad autónoma.
- La suspensión del ejercicio de la actividad por un tiempo determinado.

Para conocer mejor la exactitud de estas penas se recomienda consultar las distintas leyes autonómicas.

En la práctica lo normal es que todos los establecimientos busquen alternativas de alojamiento al usuario, en un intento de paliar su insatisfacción y las consecuencias que de ello se deriven. Los consumidores suelen ser desviados a establecimientos próximos de la misma cadena (con objeto de no perder al cliente) y en caso de no ser posible por falta de disponibilidad o estar muy alejados, a otros alojamientos de la zona con los que se ha acordado el desvío de clientes entre ellos en caso de sobrecontración, pero eso sí, siempre a establecimientos de al menos la misma categoría y abonando al cliente todos los gastos que de esta situación se deriven: taxis, diferencia del precio de la habitación, etc.

 Recuerde

Las comunidades autónomas tienen competencias para desarrollar sus propias normativas, por lo que ante la carencia de una ley estatal no se debe considerar la inexistencia de una regulación al respecto. E incluso ante la existencia de normas estatales es conveniente consultar si existe normativa autonómica, pues será esta última la que prevalezca.

4. Resumen

En esta unidad se han analizado los aspectos legales de Reservas destacando la convivencia de distintas normas en nuestro país, debido la competencia de las CC. AA. para el desarrollo de sus propias normativas.

El punto de partida común es la *Orden de 15 de septiembre de 1.978 sobre régimen de precios y reservas en alojamientos turísticos.* Esta normativa regula aspectos como los precios, servicios comunes, tipos de habitaciones, anticipos o cancelaciones, entre otros.

De todas maneras, lo recomendable es consultar la normativa específica de cada comunidad autónoma al tener éstas transferidas las competencias en materia de turismo.

El *overbooking* es una situación en que se encuentra un establecimiento al reservar más plazas de alojamiento de las disponibles, como consecuencia de una mala gestión del mismo (sobrecontratación involuntaria) o en un intento de no dejar habitaciones sin vender (sobrecontratación voluntaria).

Las distintas comunidades autónomas regulan esta figura a través de sus leyes de turismo específicas correspondientes, siendo por lo general considerada como infracción grave, con una pena consistente en multa económica y/o suspensión del ejercicio de la actividad del alojamiento por un tiempo determinado.

Ejercicios de repaso y autoevaluación

De las siguientes frases, indique cuál es verdadera o falsa. En el caso de las falsas, justifique su respuesta.

1. Las comunidades autónomas han de ajustarse a lo estipulado por la ley a efectos de precios y reservas.

☐ Verdadero
☐ Falso

2. Según la ley, el cliente que efectúa una reserva en régimen de PC lleva un descuento en el precio de las comidas.

☐ Verdadero
☐ Falso

3. Una *suite* puede ser usada como DUI, pero al precio íntegro de *suite*.

☐ Verdadero
☐ Falso

4. El *overbooking* es una práctica que carece de regulación legal.

☐ Verdadero
☐ Falso

5. En una habitación triple se puede instalar una cama supletoria.

☐ Verdadero
☐ Falso

6. Un servicio común es aquel que puede ser usado por todos los clientes de un establecimiento.

    ☐ Verdadero
    ☐ Falso

7. La Orden estatal de precios y reservas establece anticipos mínimos a solicitar a las reservas efectuadas.

    ☐ Verdadero
    ☐ Falso

8. El *overbooking* es una práctica que vela por los intereses del usuario.

    ☐ Verdadero
    ☐ Falso

9. El solicitar garantías a las reservas es una buena alternativa al *overbooking*.

    ☐ Verdadero
    ☐ Falso

10. El *overbooking* no es considerado infracción en nuestro país.

    ☐ Verdadero
    ☐ Falso

Bibliografía

Monografías

❚ DORADO, J. A. y CERRA, J.: *Manual de recepción y atención al cliente.* Madrid: Síntesis, 2004.

❚ GALLEGO, J. F.: *Gestión de hoteles. Una nueva visión.* Madrid: Paraninfo, 2002.

❚ LÓPEZ García, S.: *Recepción y atención al cliente.* Madrid: Paraninfo, 2006.

❚ NAVARRO Ureña, A.: *Recepción hotelera y atención al cliente.* Madrid: Paraninfo, 2008.

❚ ROBERTS, D.: *Hotel Revenue Management. The Post-Pandemic Evolution to Revenue Strategy.* EE. UU.: Business Expert Press, 2022.

❚ RODRIGUEZ Del Río, M. E.: *Recepción y Reservas.* Madrid: Paraninfo, 2018.

Legislación

❚ Ley 1/2010, de 11 de febrero, de modificación de diversas leyes de Galicia para su adaptación a la directiva 2006/123/CE del Parlamento Europeo y del Consejo, de 12 de diciembre de 2006, relativa a los servicios en el mercado interior.

❚ Decreto Legislativo 1/2016, de 26 de julio, del Gobierno de Aragón, por el que se aprueba el texto refundido de la Ley de Turismo de Aragón.

▌Ley 13/2002, de 21 de junio, de Turismo de Cataluña.

▌Ley 7/2001, de 22 de junio, de Turismo en el Principado de Asturias.

▌Ley 13/2011, de 23 de diciembre, del Turismo de Andalucía.

▌Ley 8/1999, de 26 de mayo, de Ordenación del Turismo de Castilla la Mancha. Diario Oficial de Castilla la Mancha, número 40. Castilla la Mancha, 12 de junio de 1999.

▌Ley 1/1999, de 12 de marzo, de Ordenación del Turismo en Madrid.

▌Ley 8/2012, de 19 de julio, del turismo de las Illes Balears.

▌Ley 14/2010, de 9 de diciembre, de turismo de Castilla y León.

▌Ley 2/2011, de 31 de enero, de desarrollo y modernización del turismo de Extremadura.

▌Ley 7/ 1995, de 6 de abril, de Ordenación del Turismo de Canarias.

▌Orden de 15 de septiembre de 1978, sobre régimen de precios y reservas en alojamientos turísticos.